J'suis pas FEIGNANTE J'suis en mode économie D'ÉNERGIE

Livre de coloriage pour ados

© La Bibli des Ados - Tous droits réservés 2021 « Toute représentation ou reproduction intégrale ou partielle faite sans le consentement de l'auteur ou de ses ayants droits ou ayant cause est illicite. Il en est de même pour la traduction, l'adaptation ou la transformation, l'arrangement ou la reproduction par un art ou un procédé quelconque »

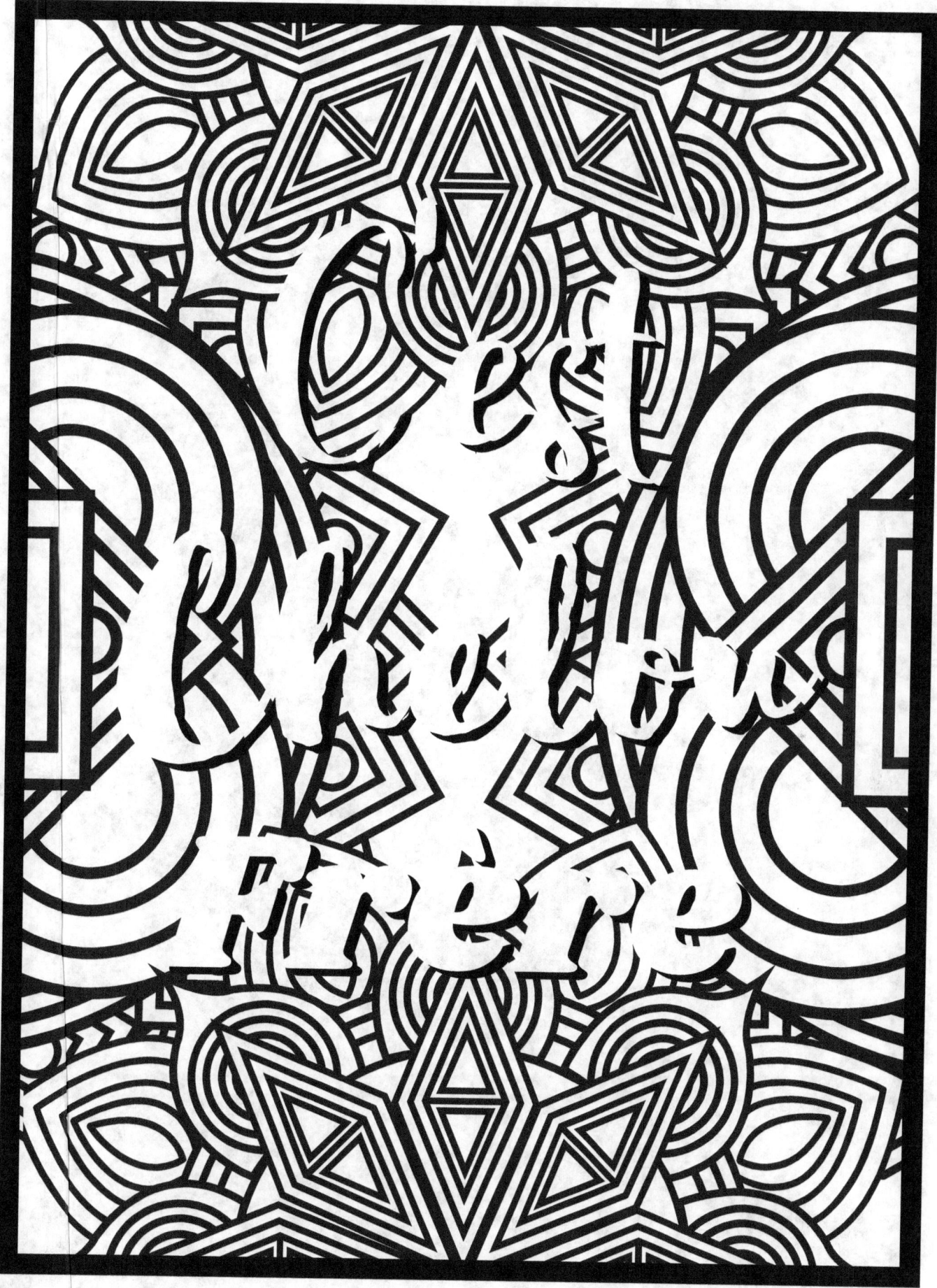

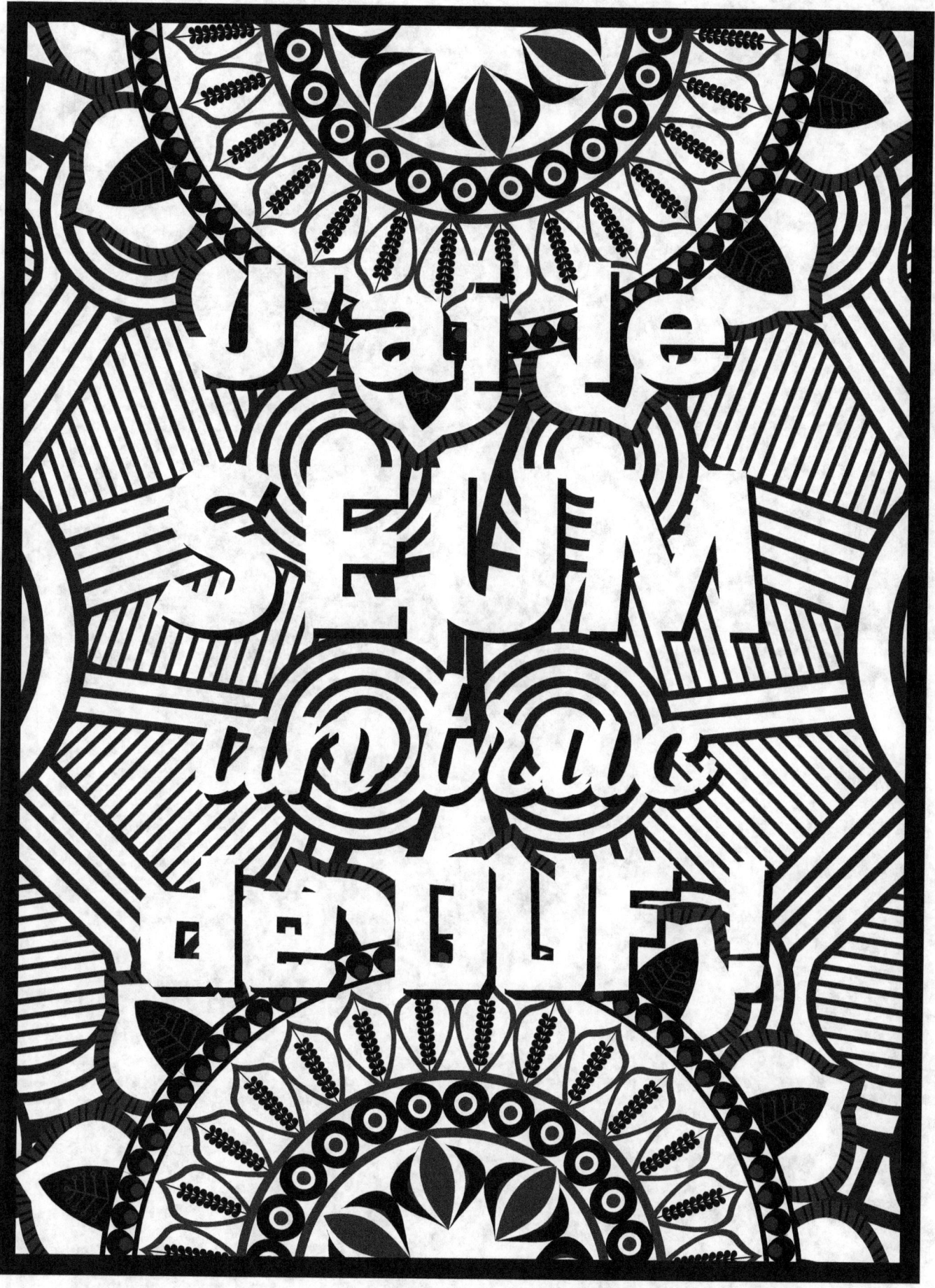

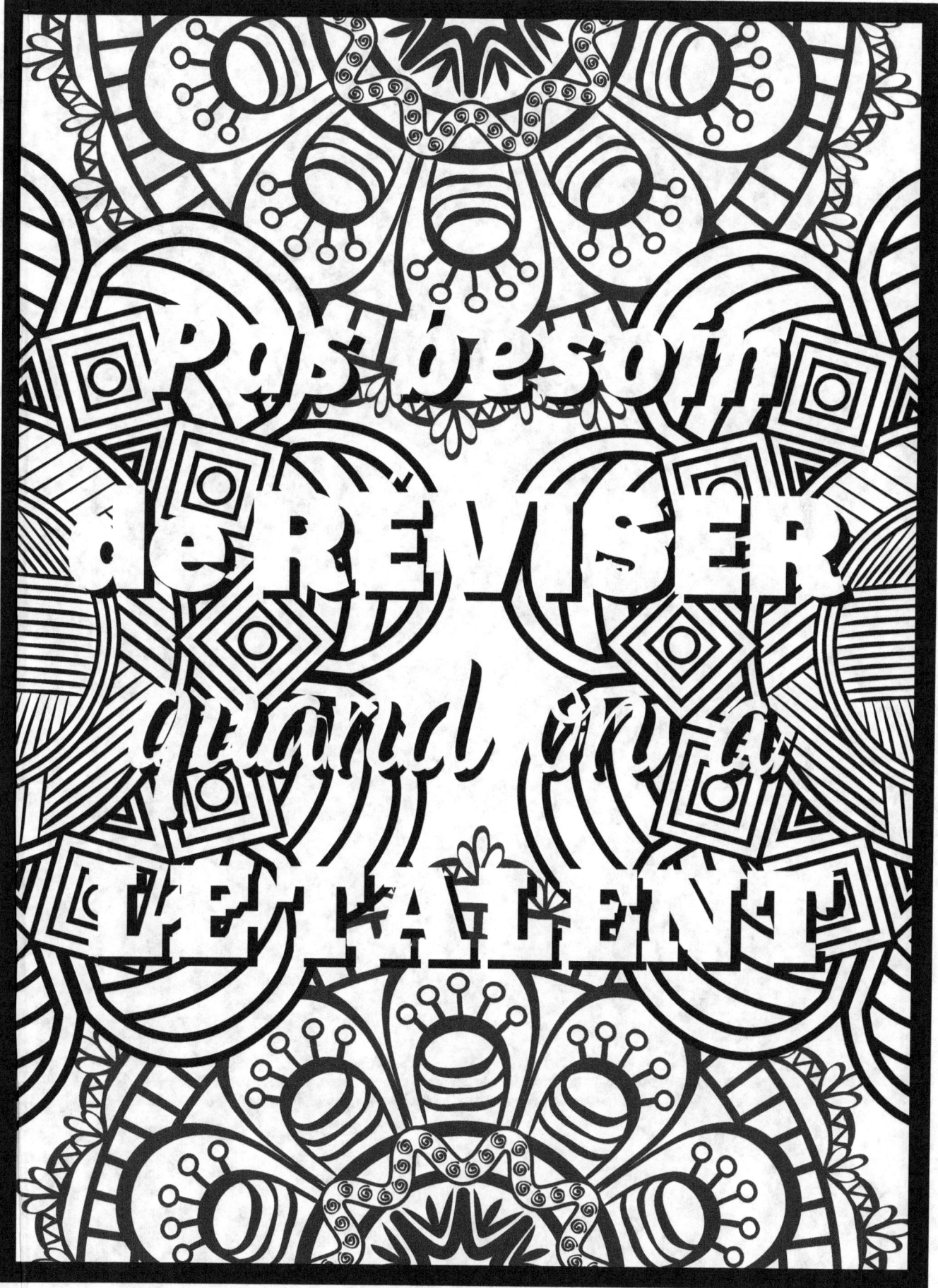

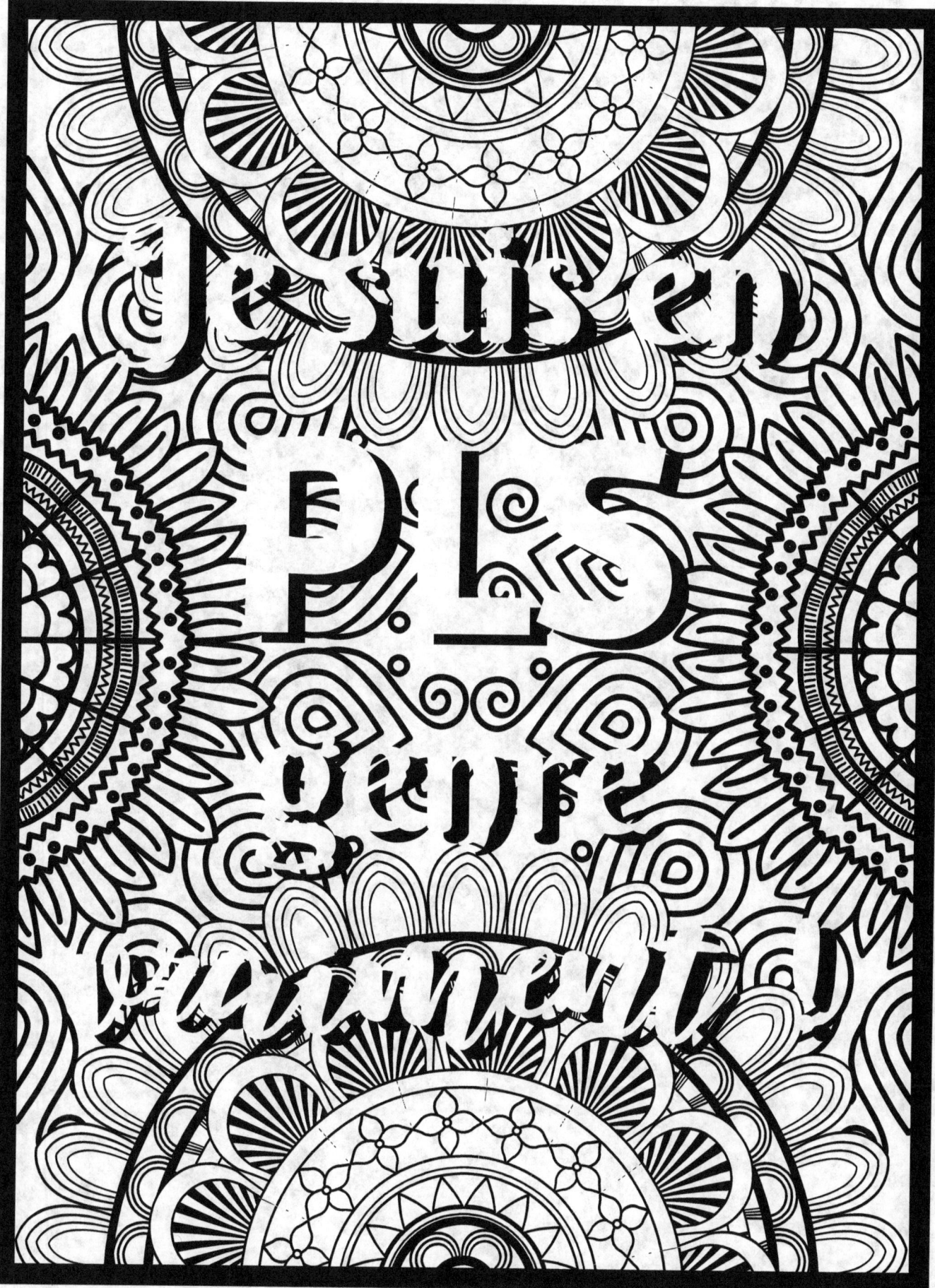

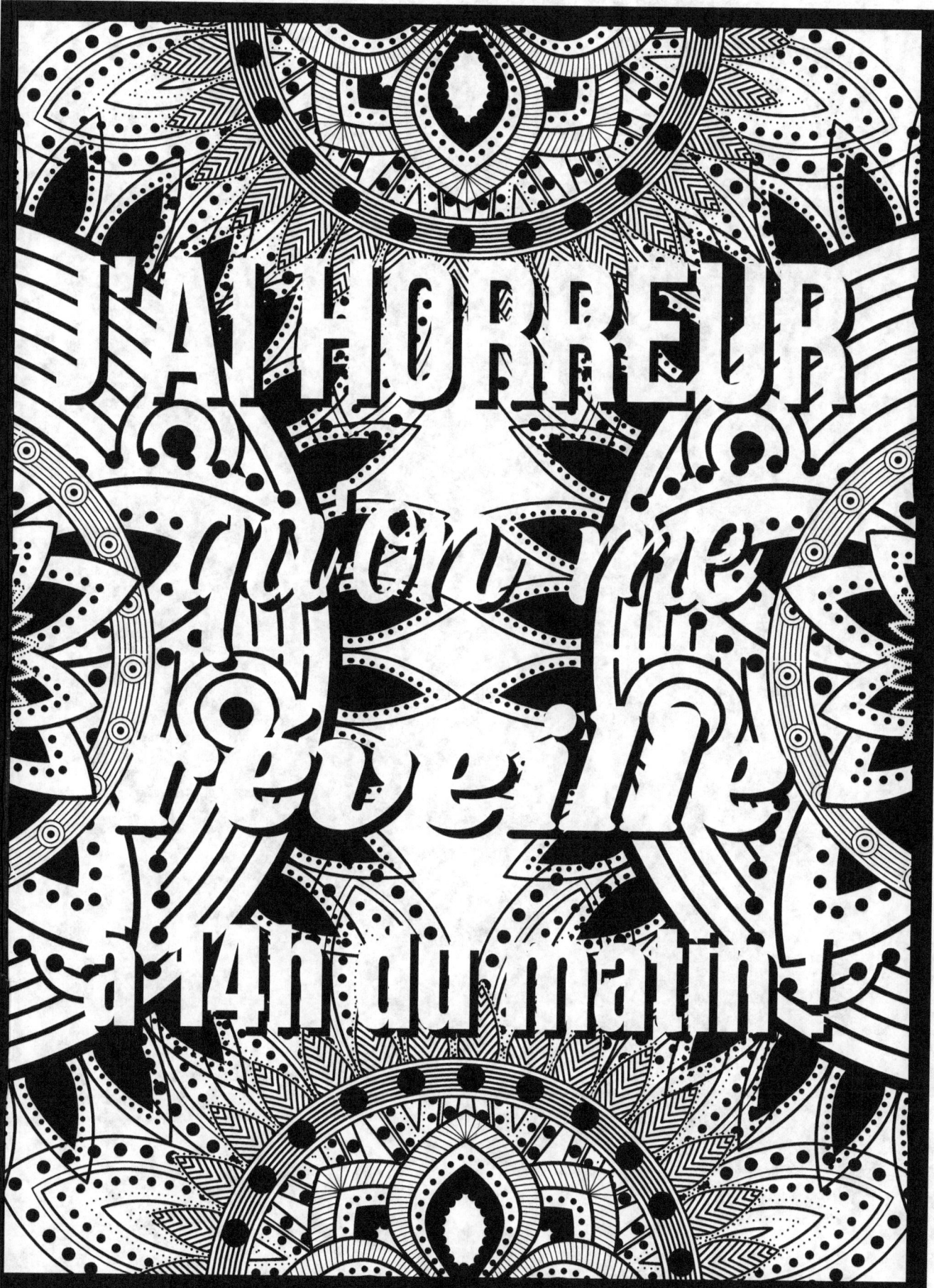

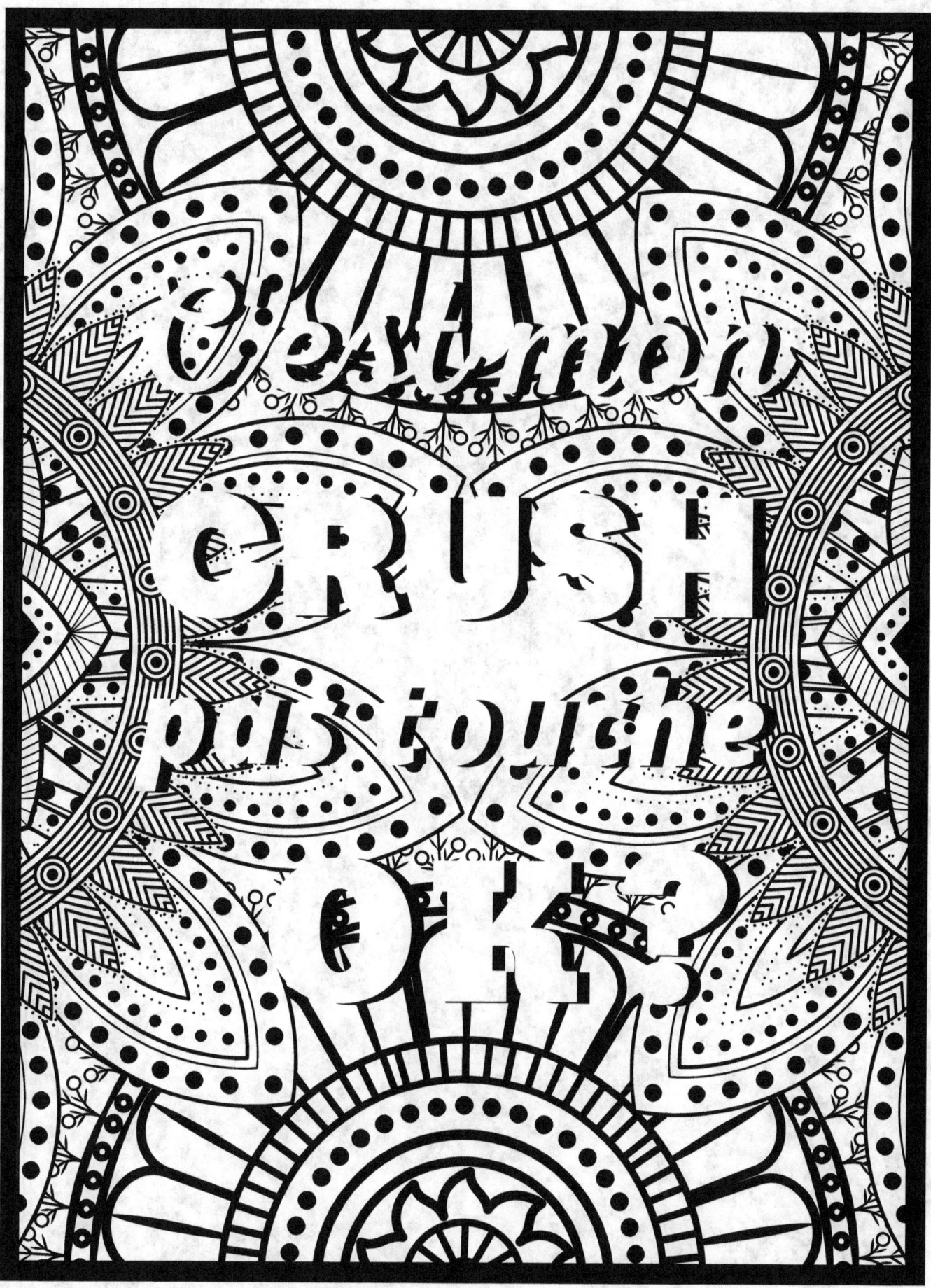

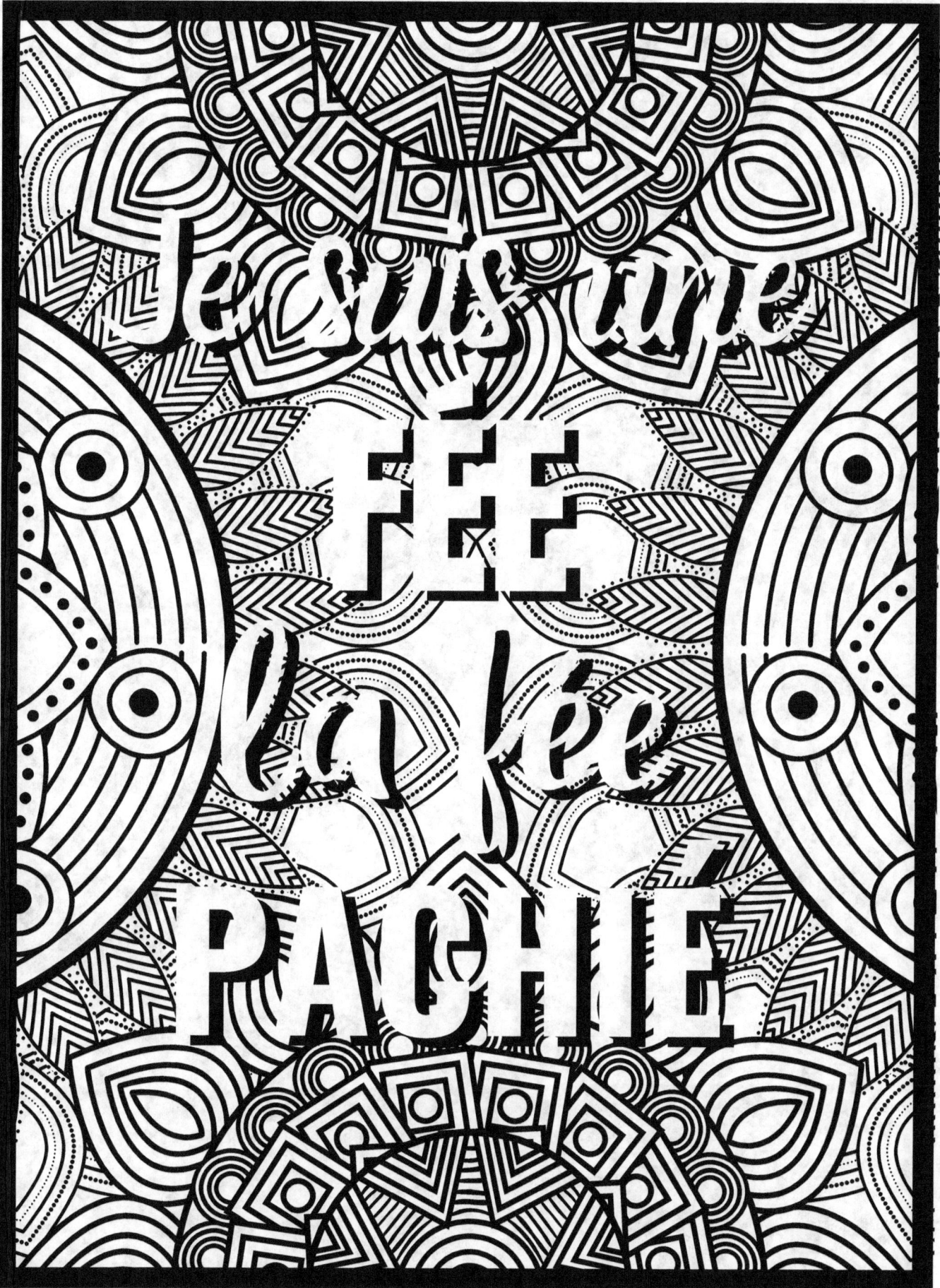

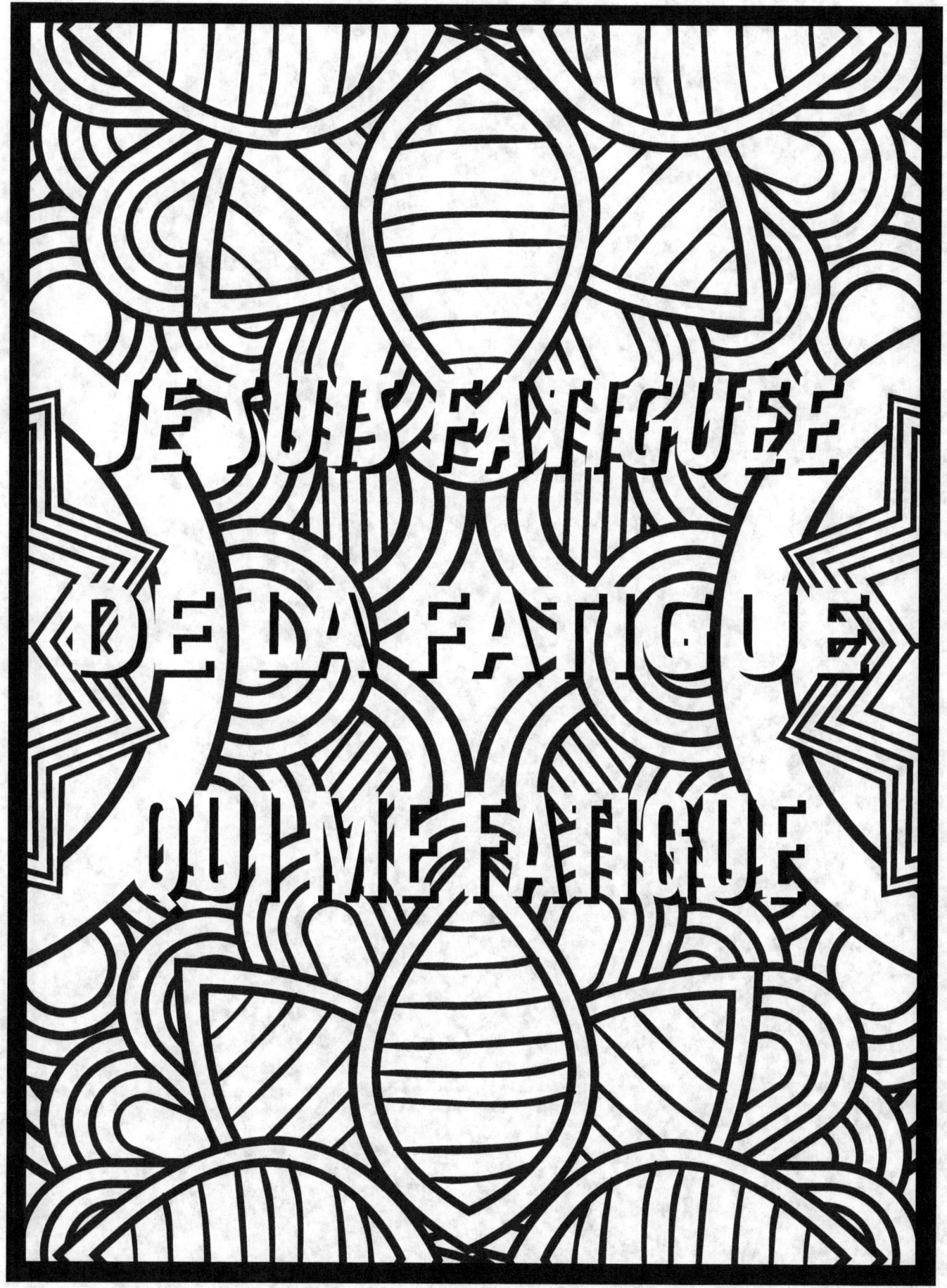

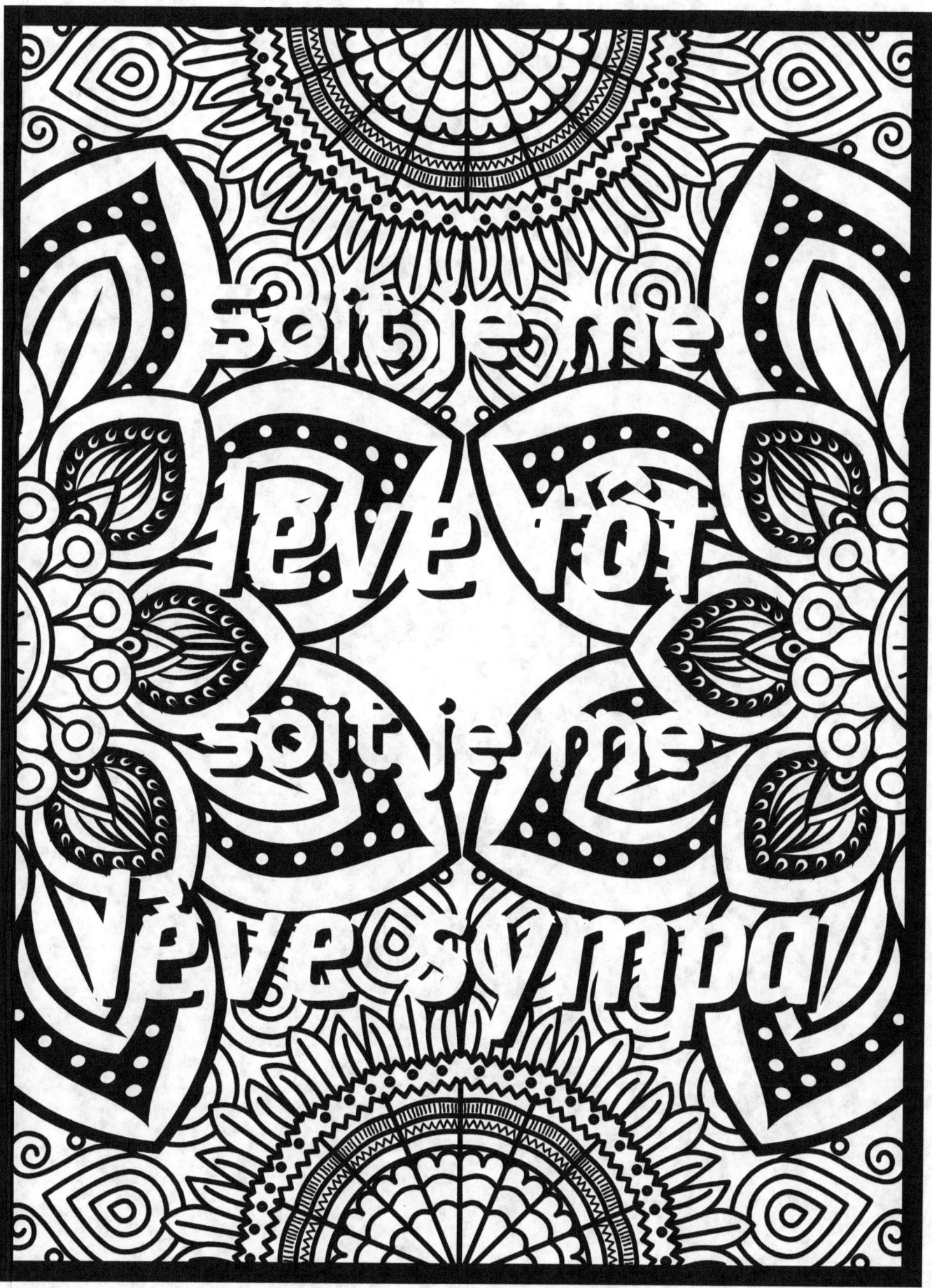

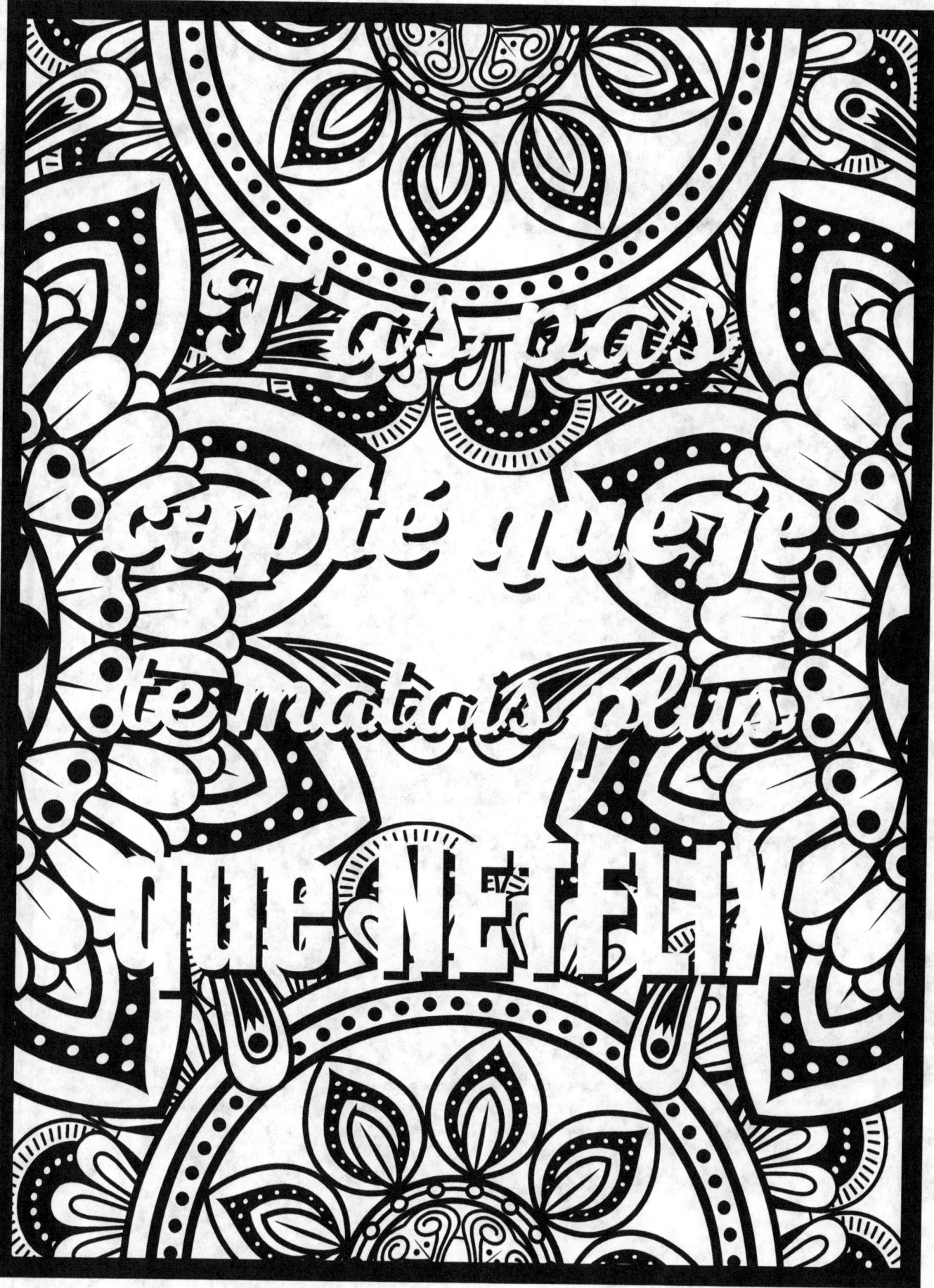

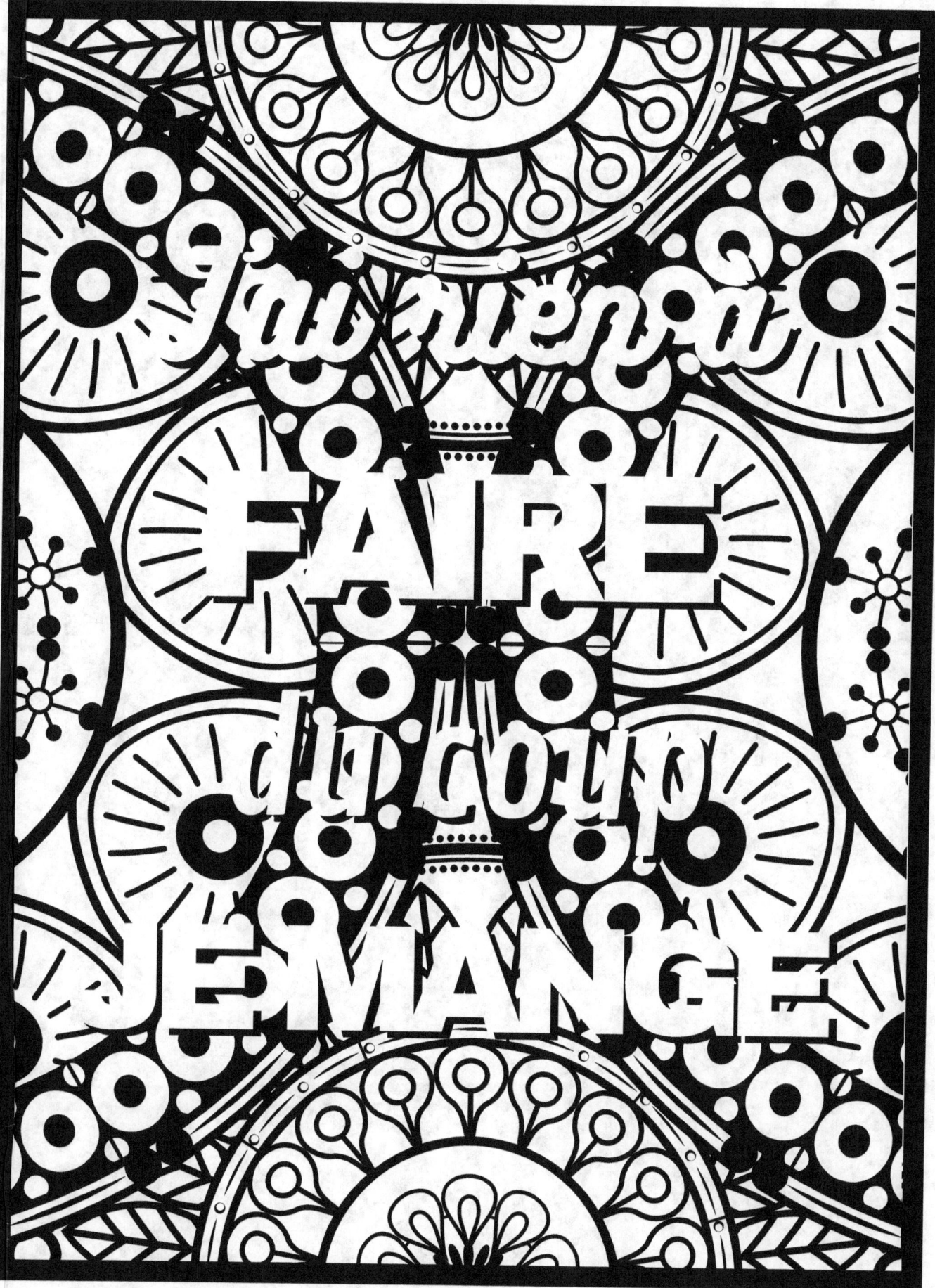

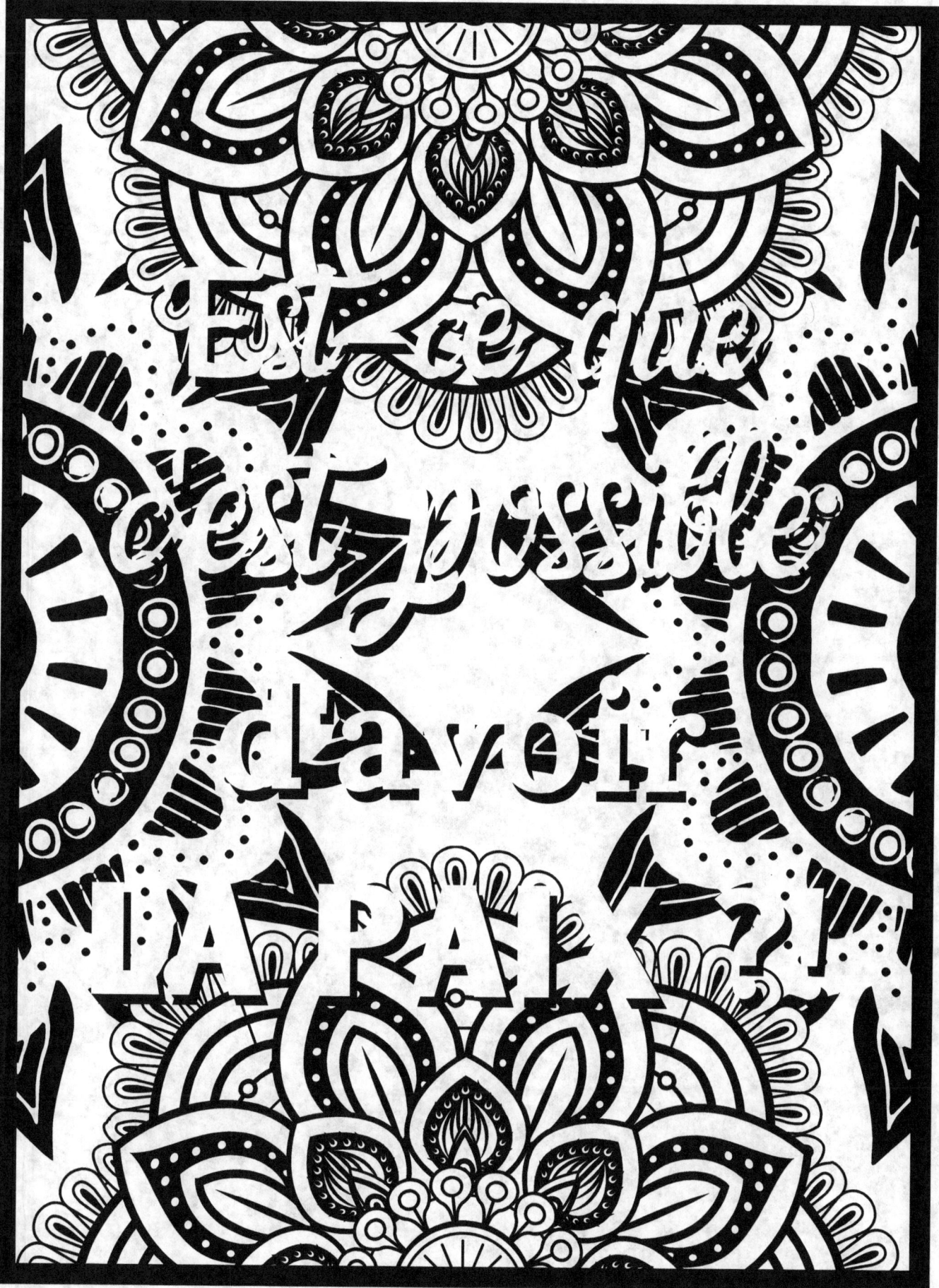

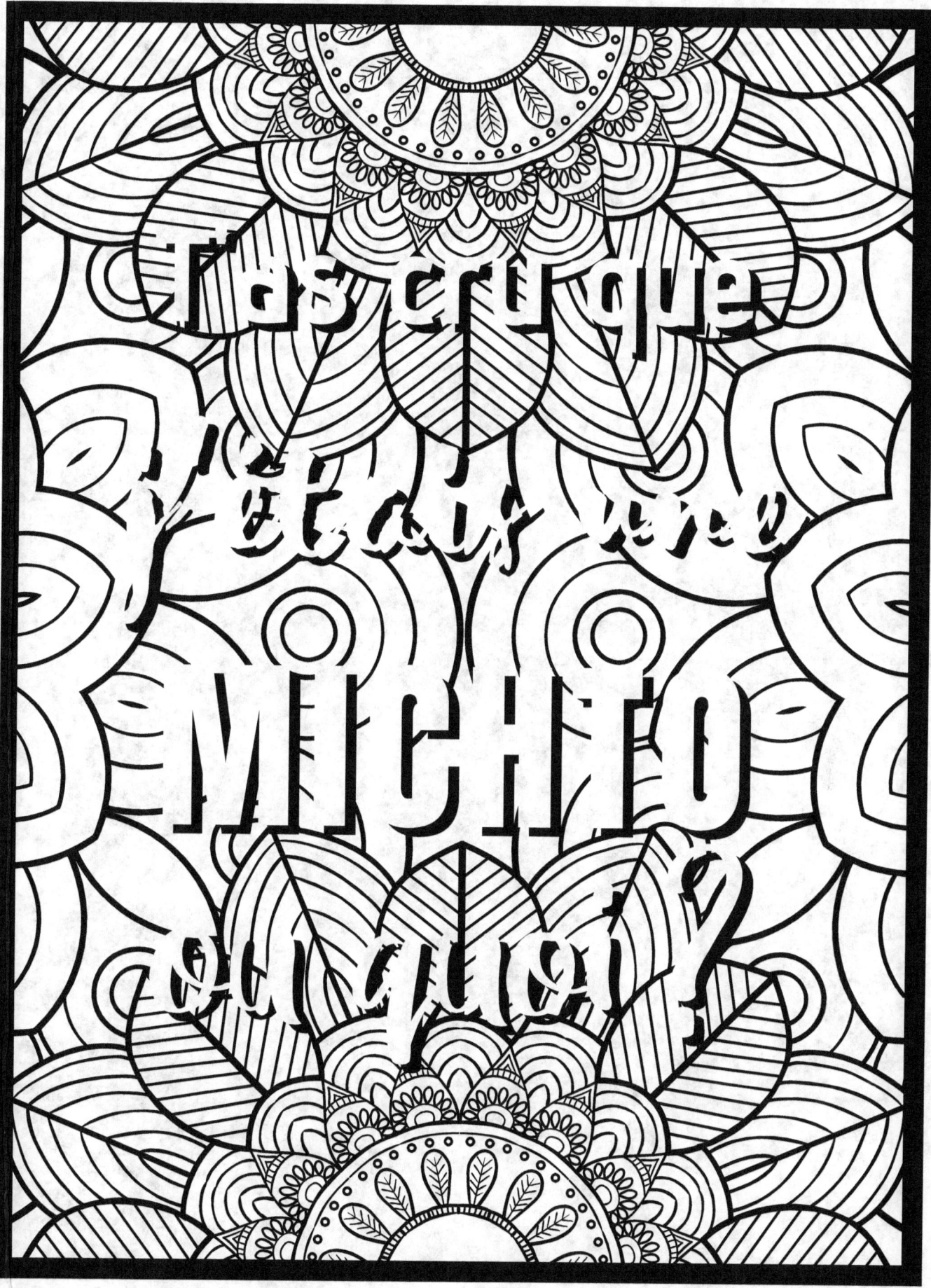

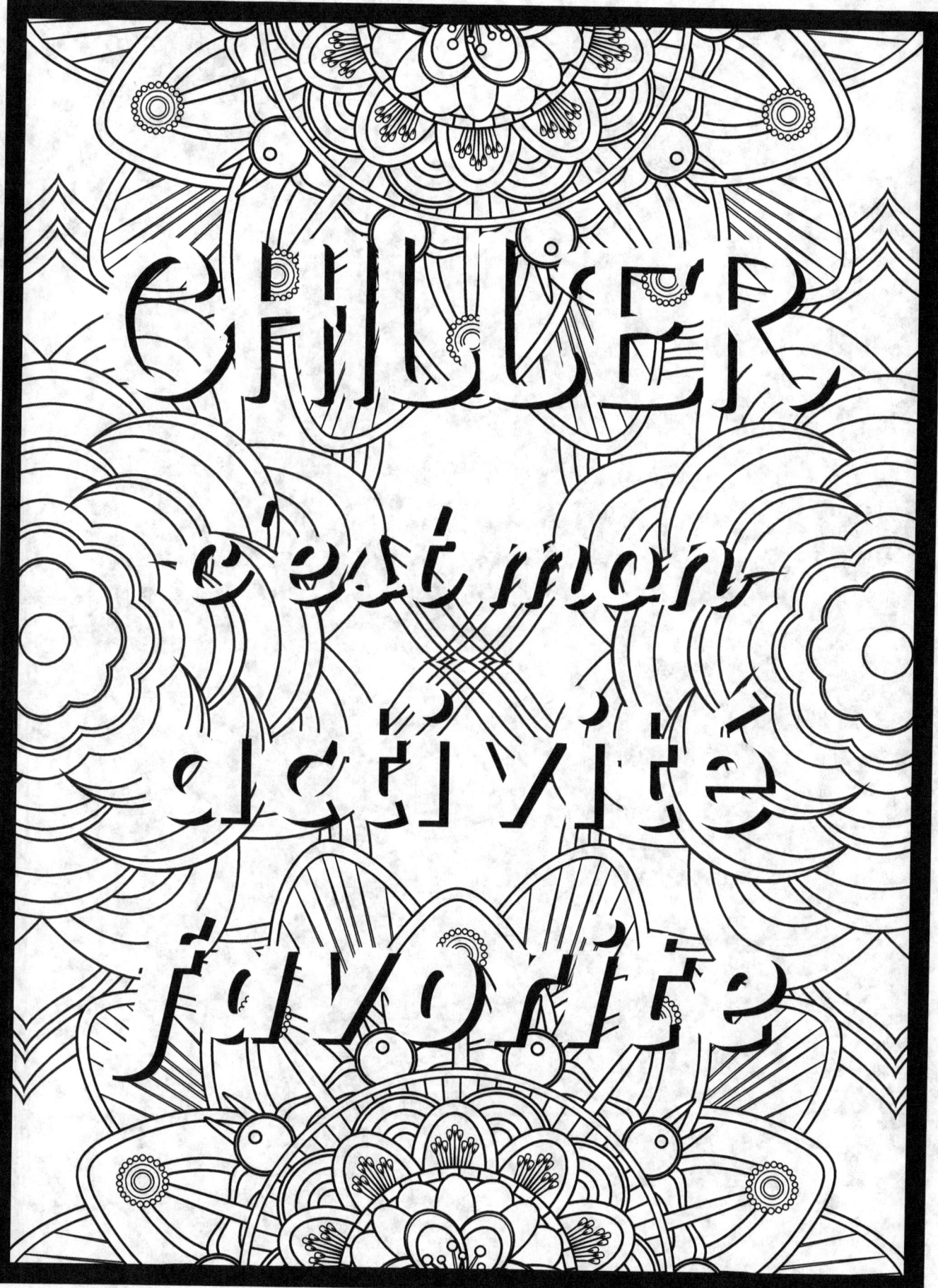

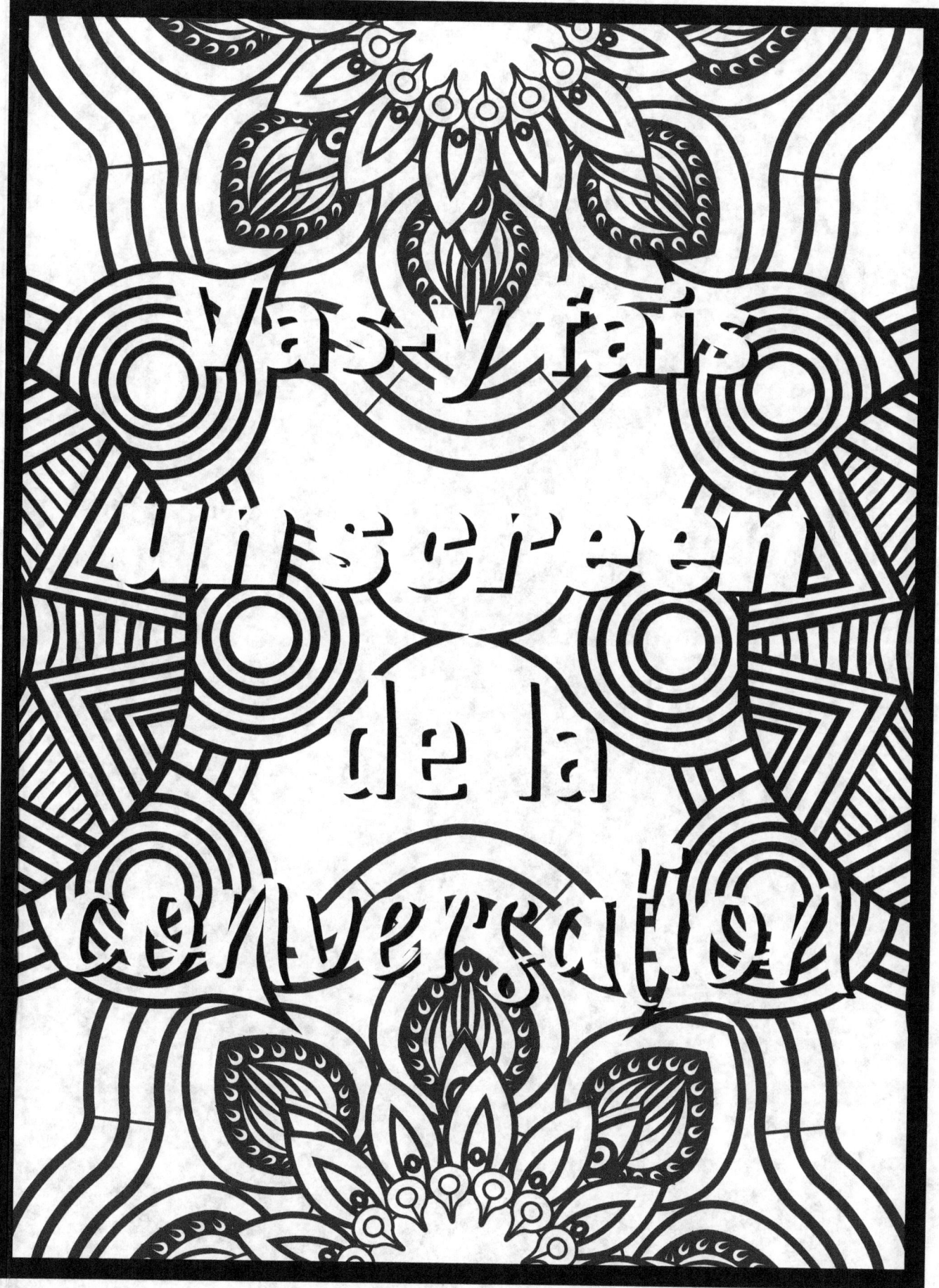

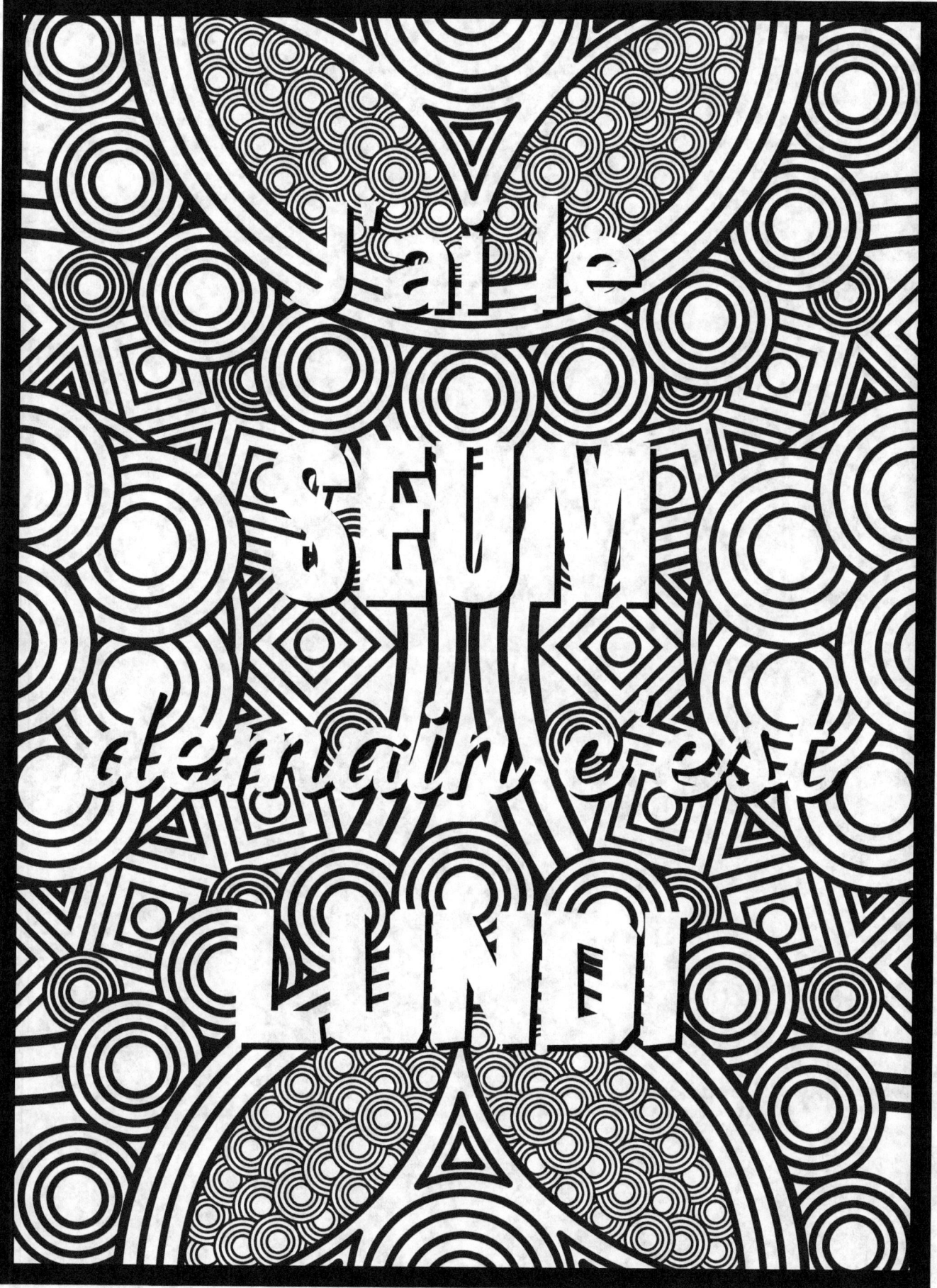

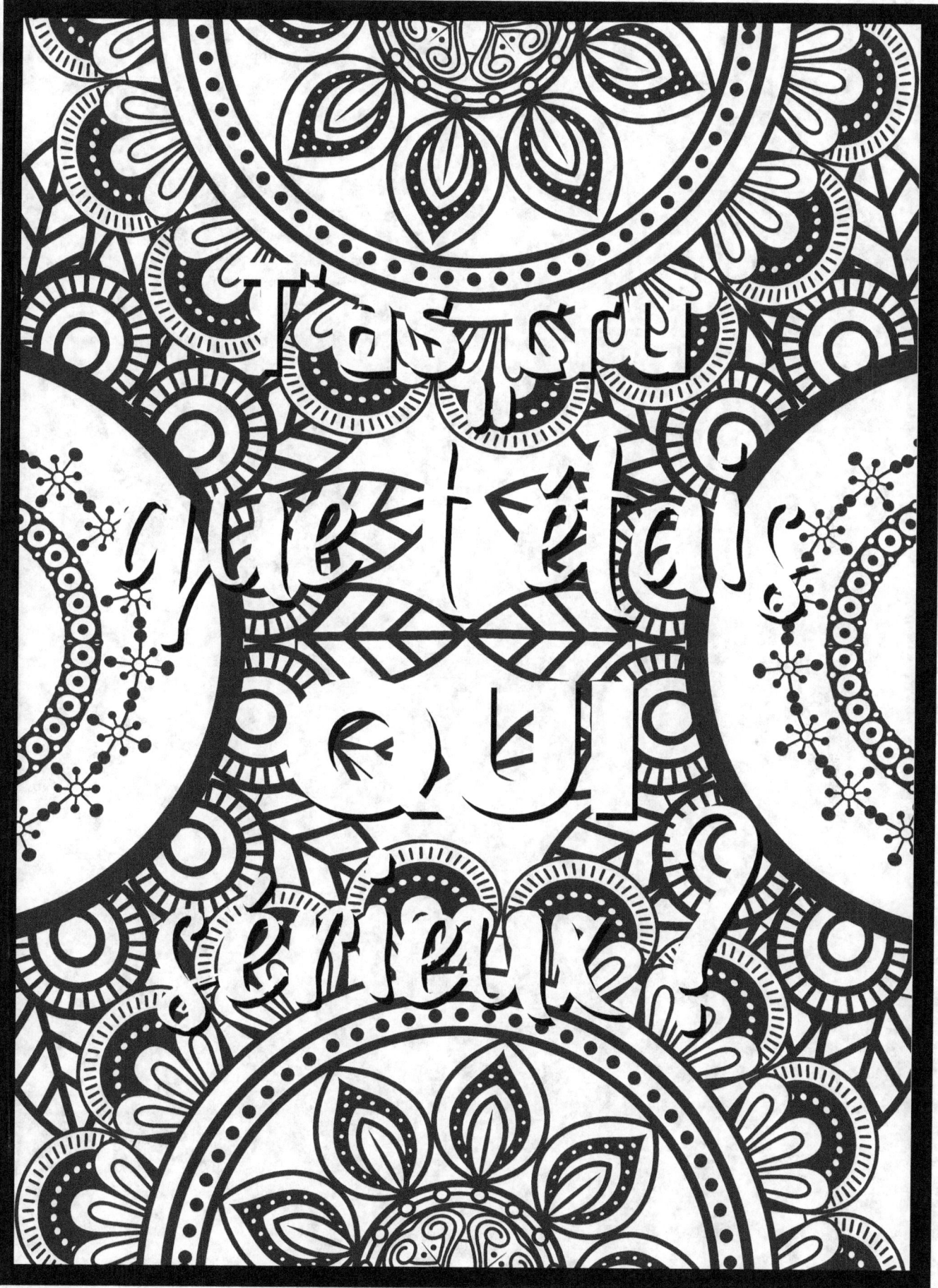

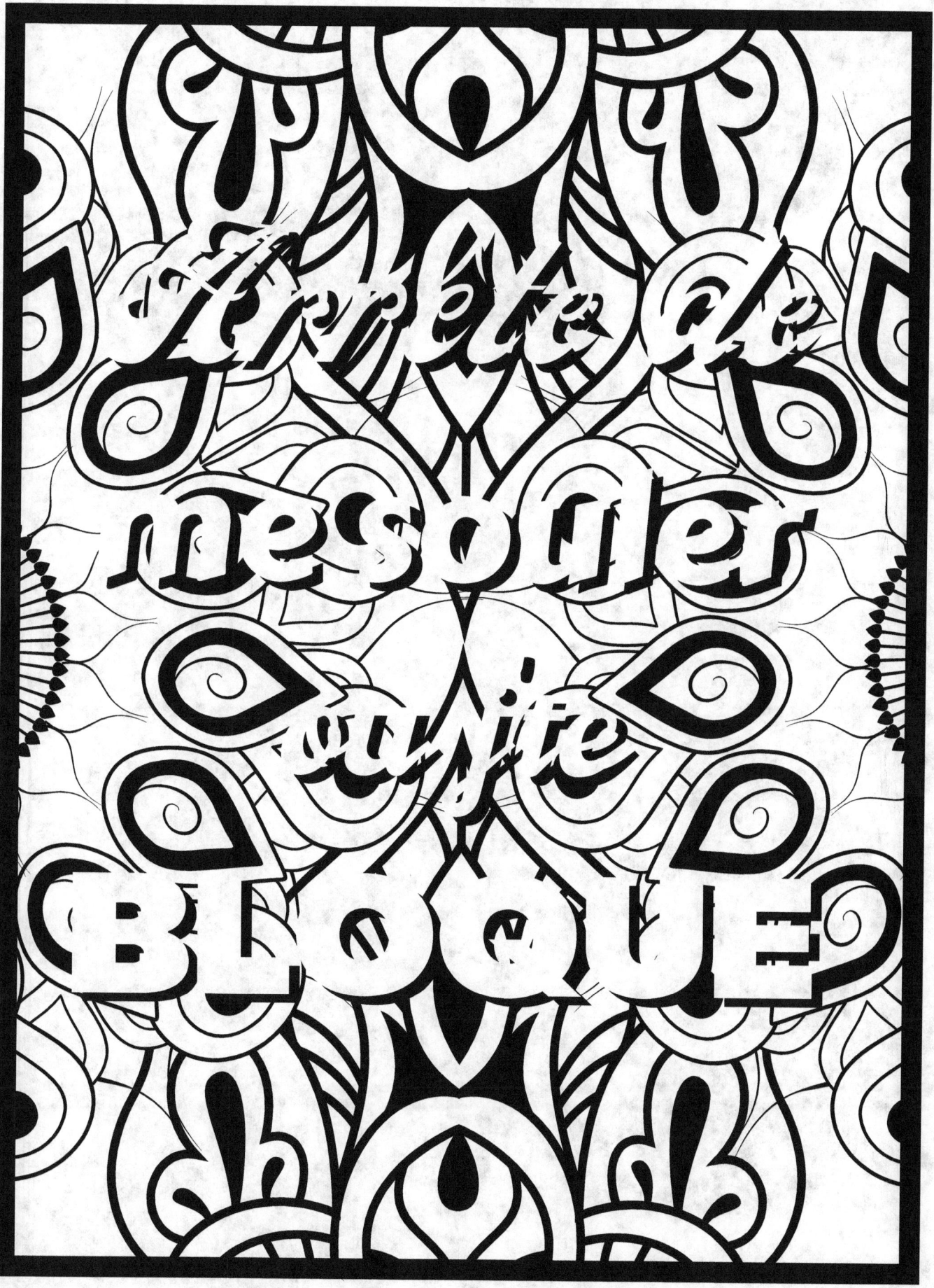

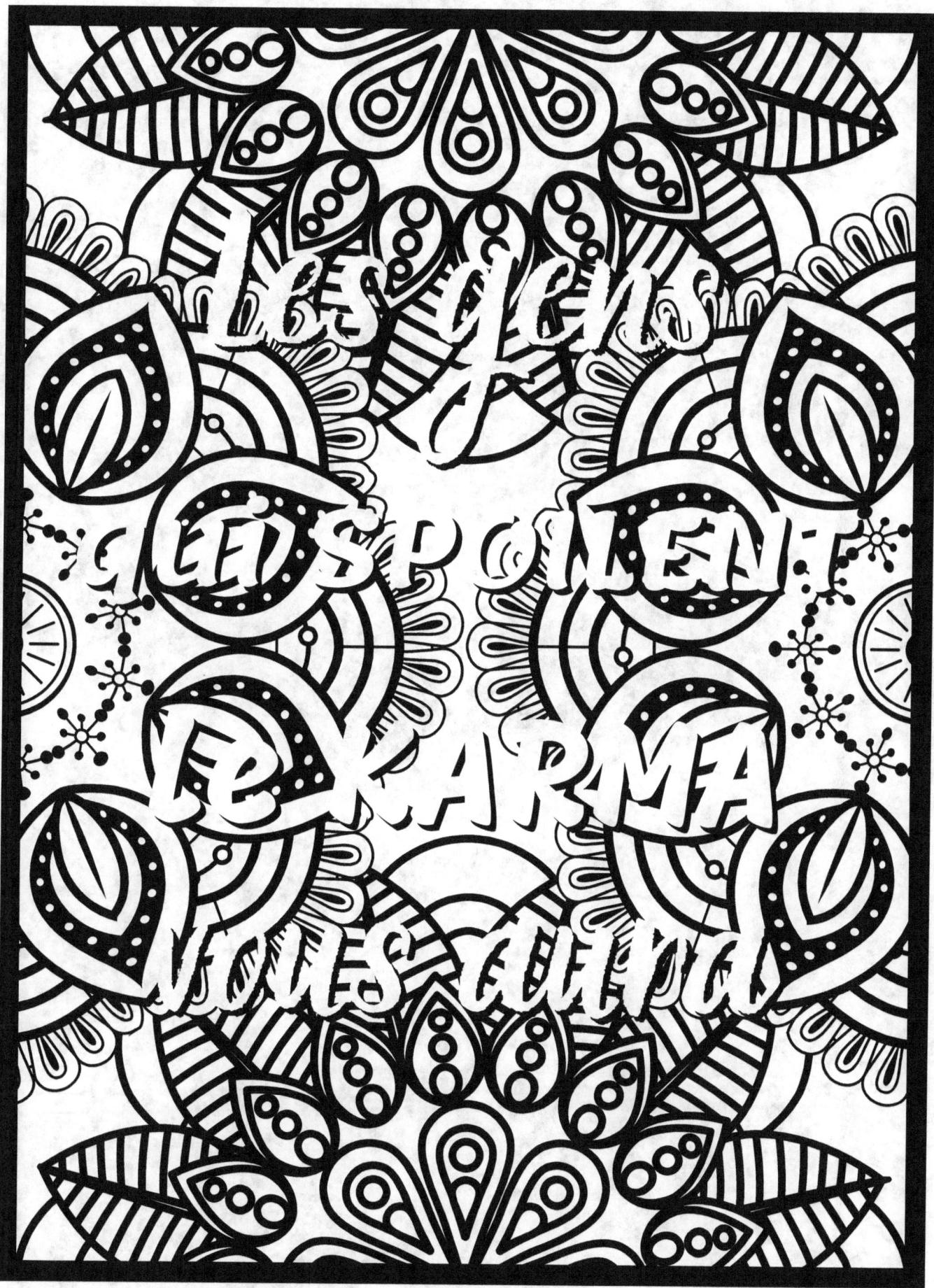

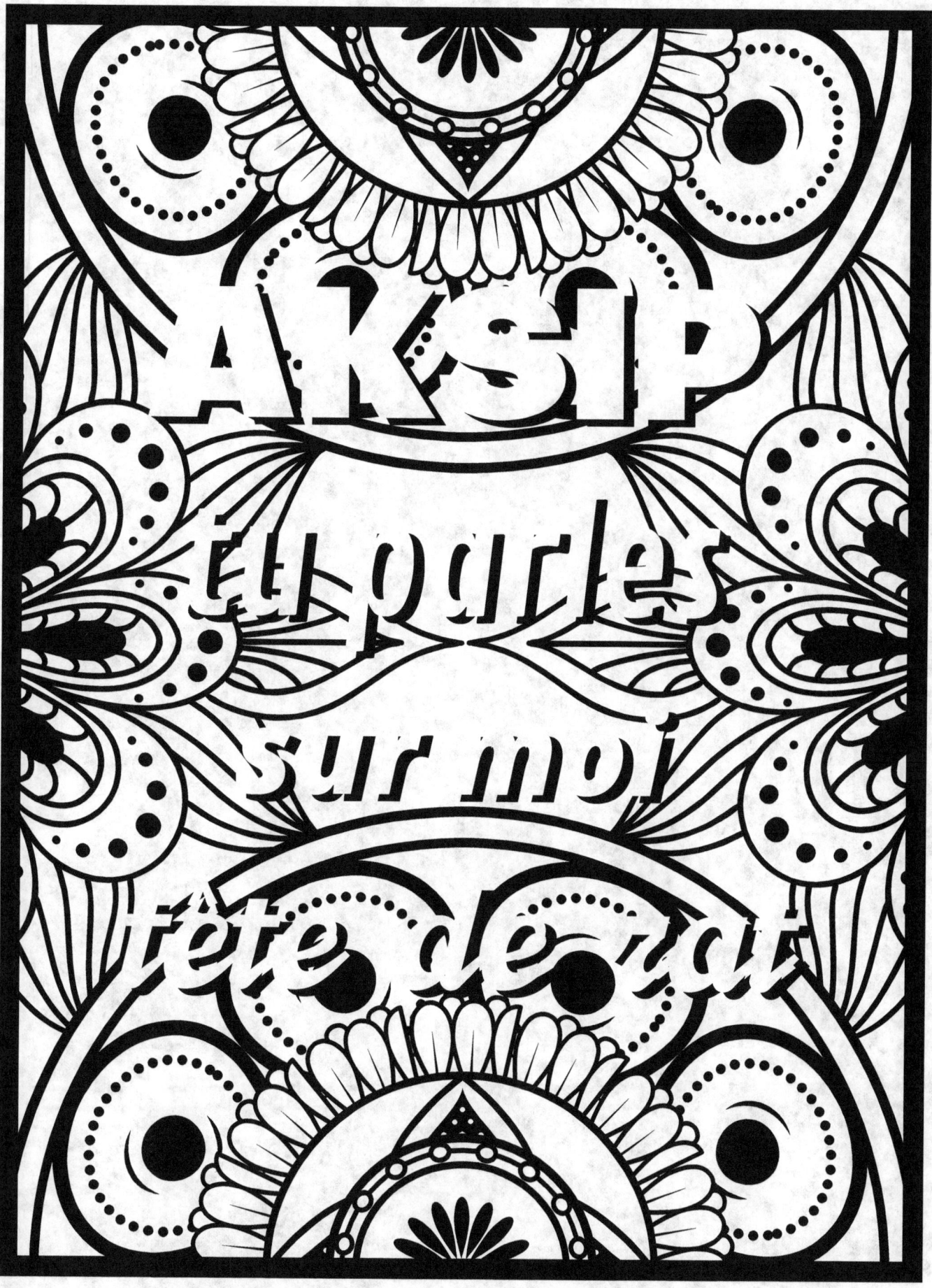

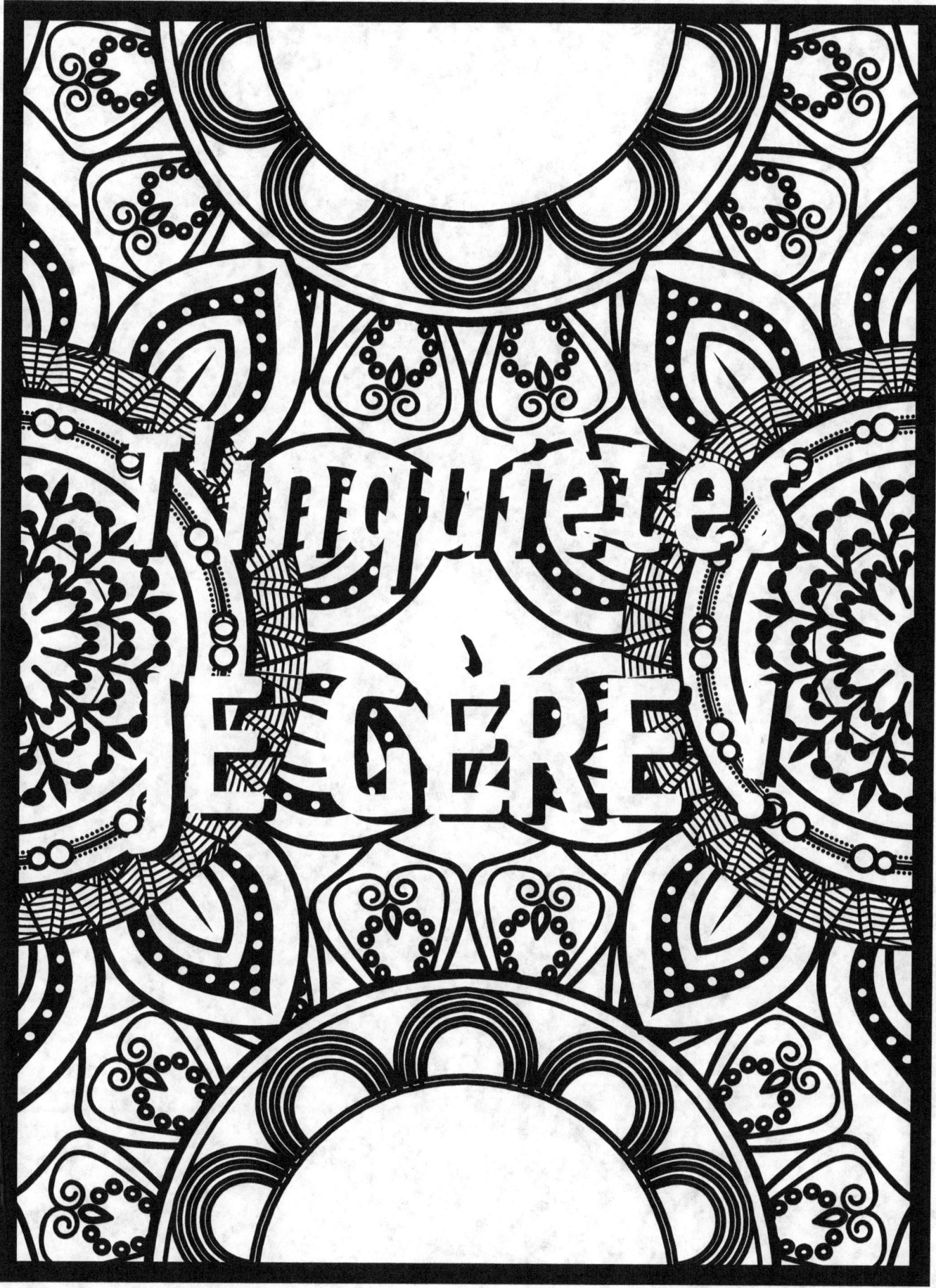

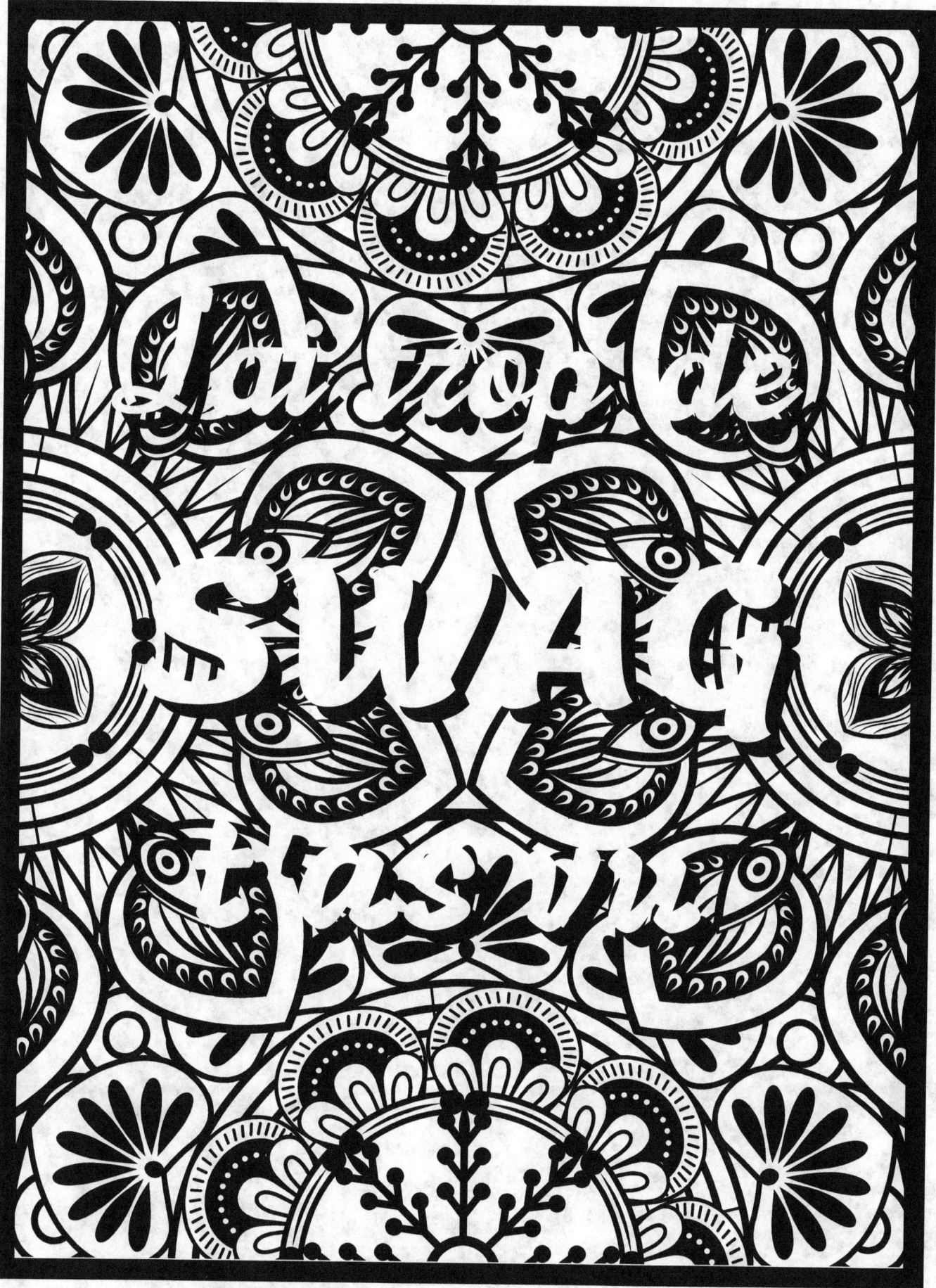

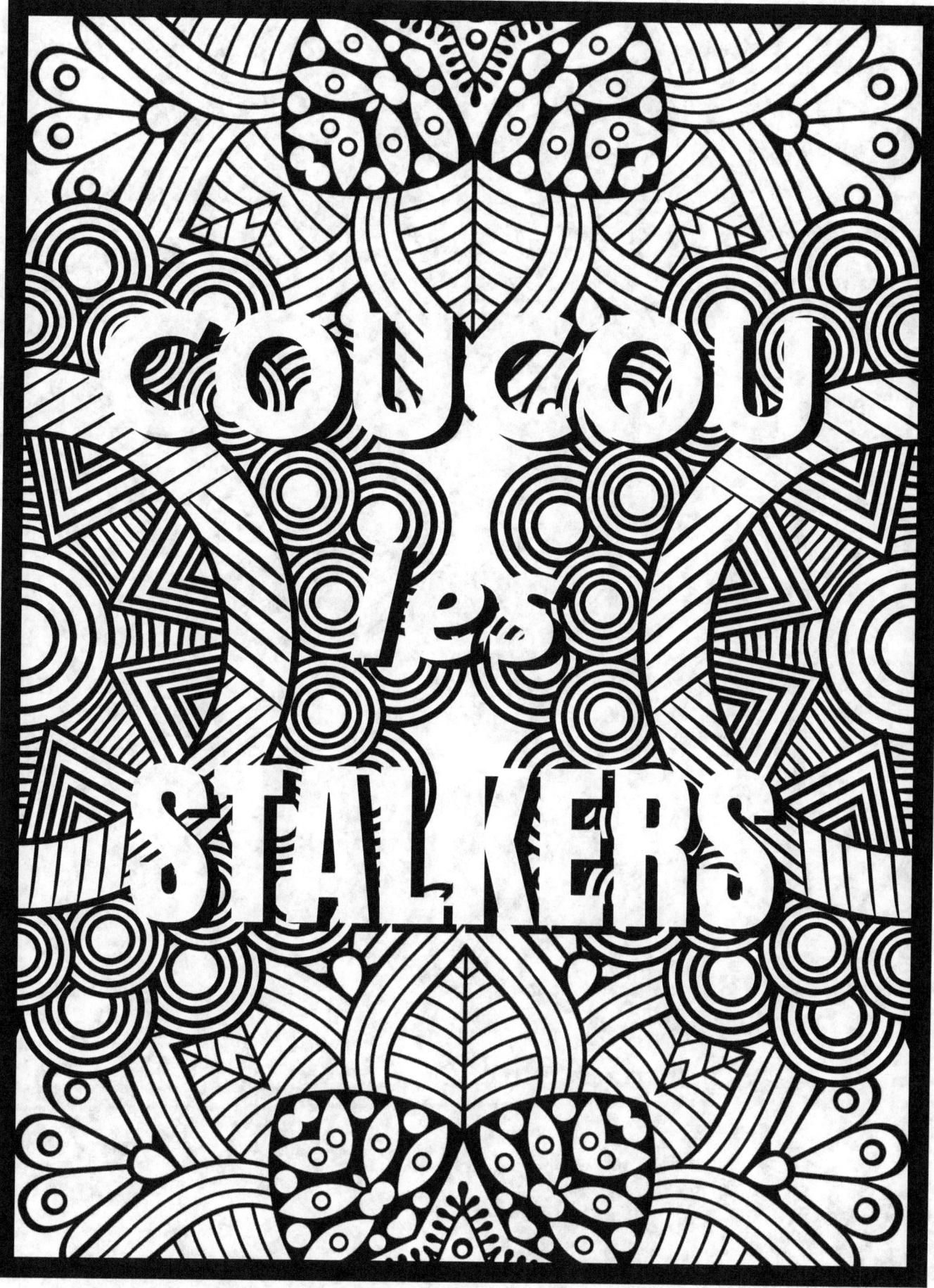

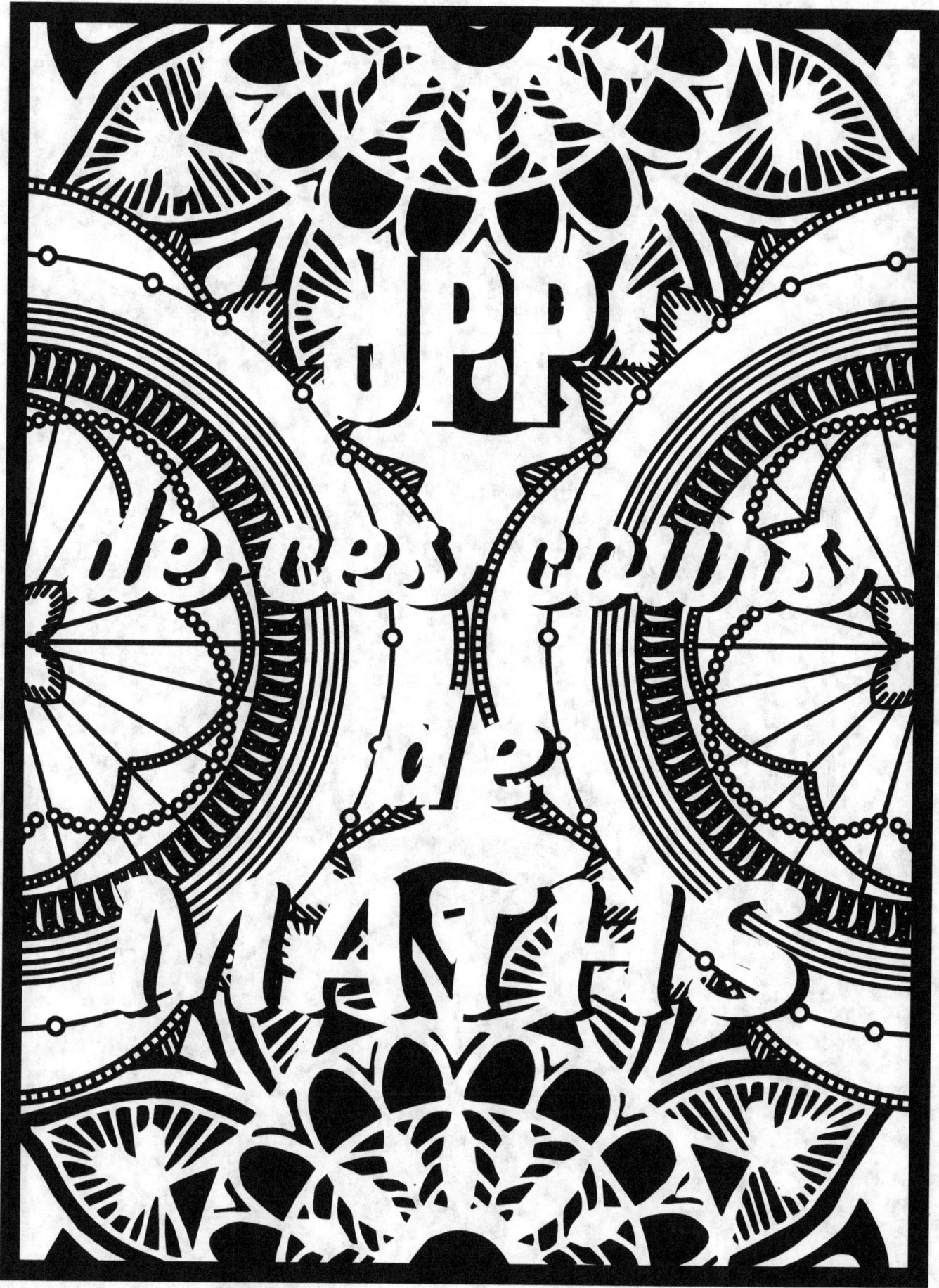

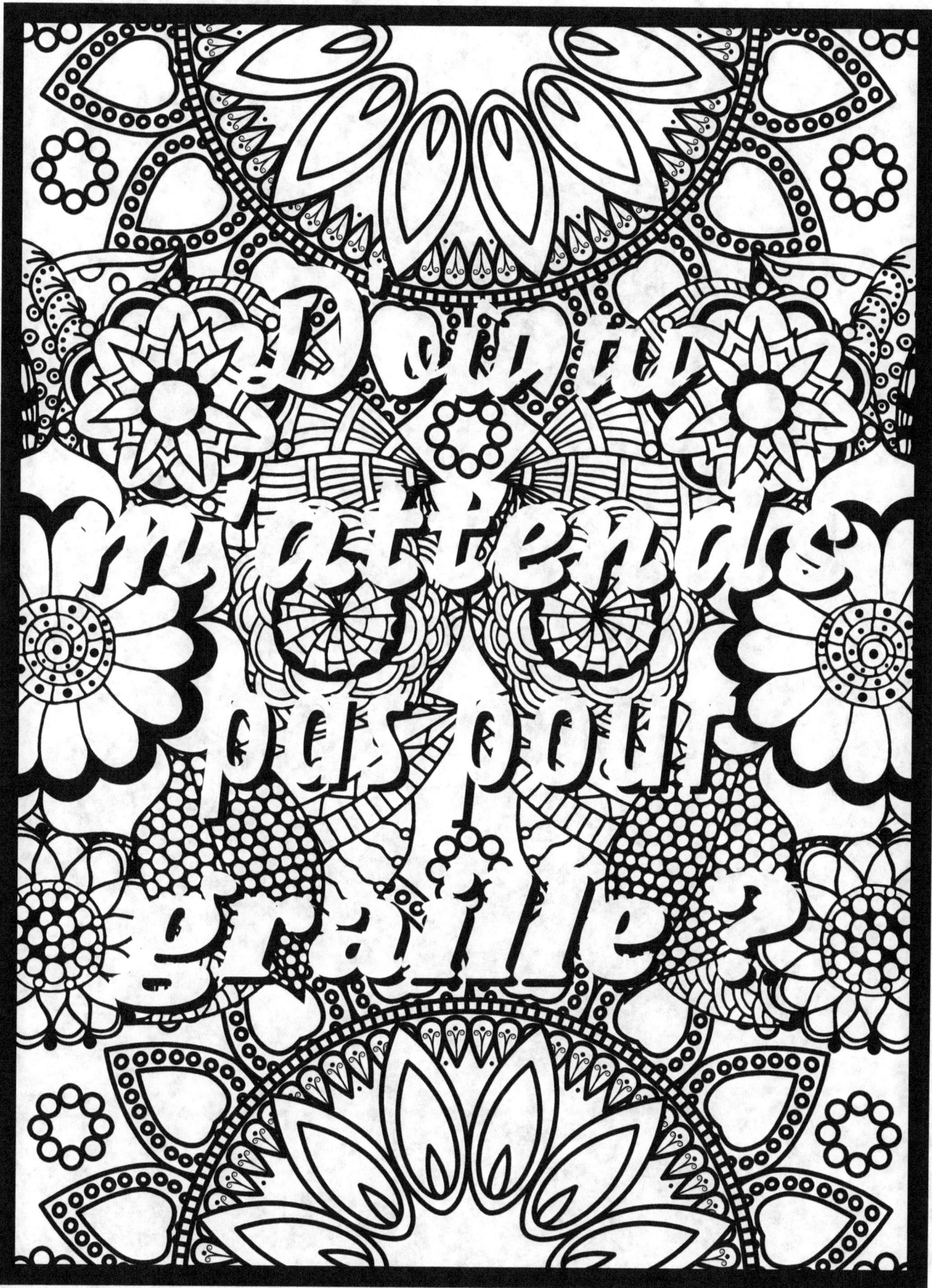

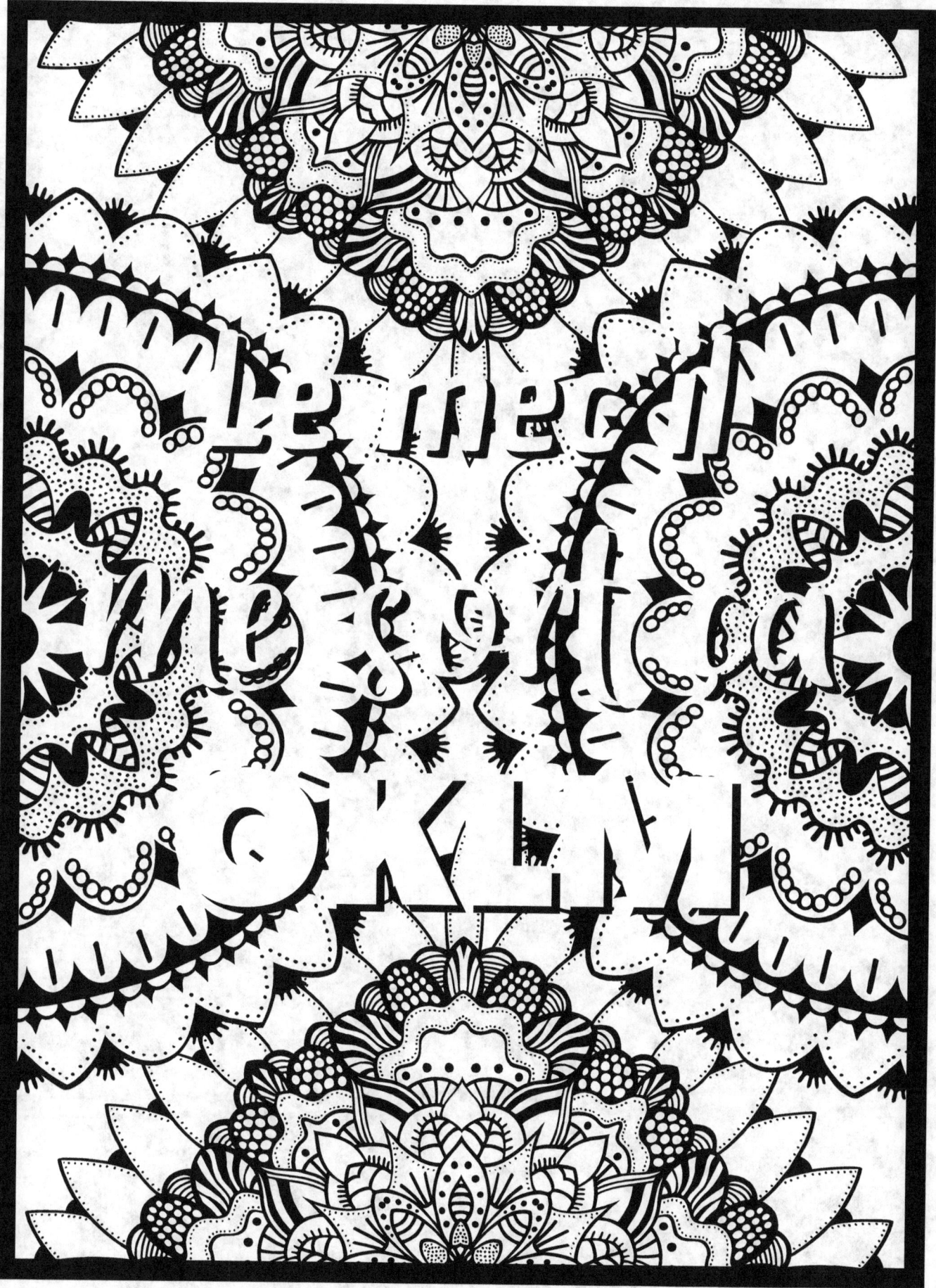

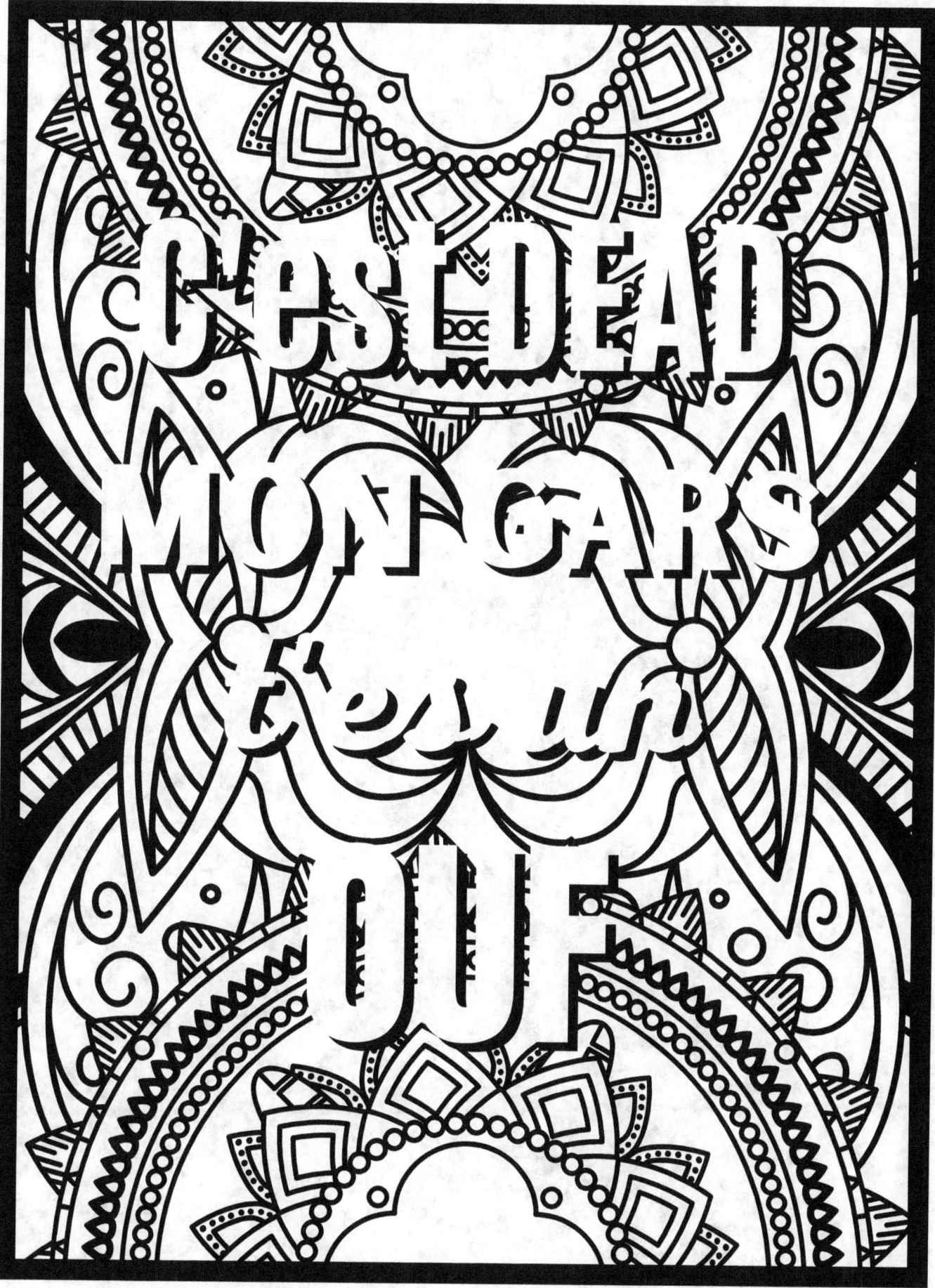

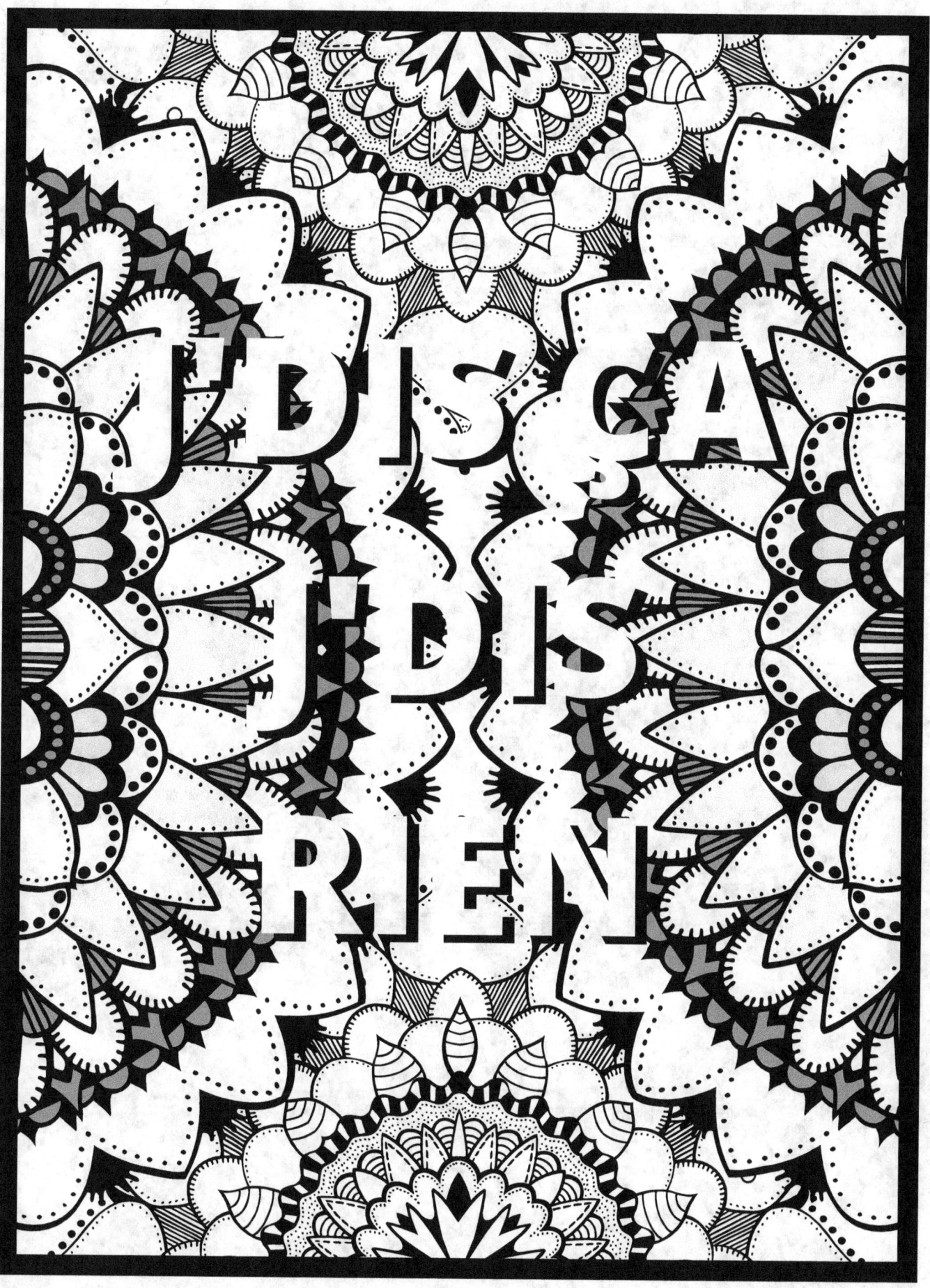

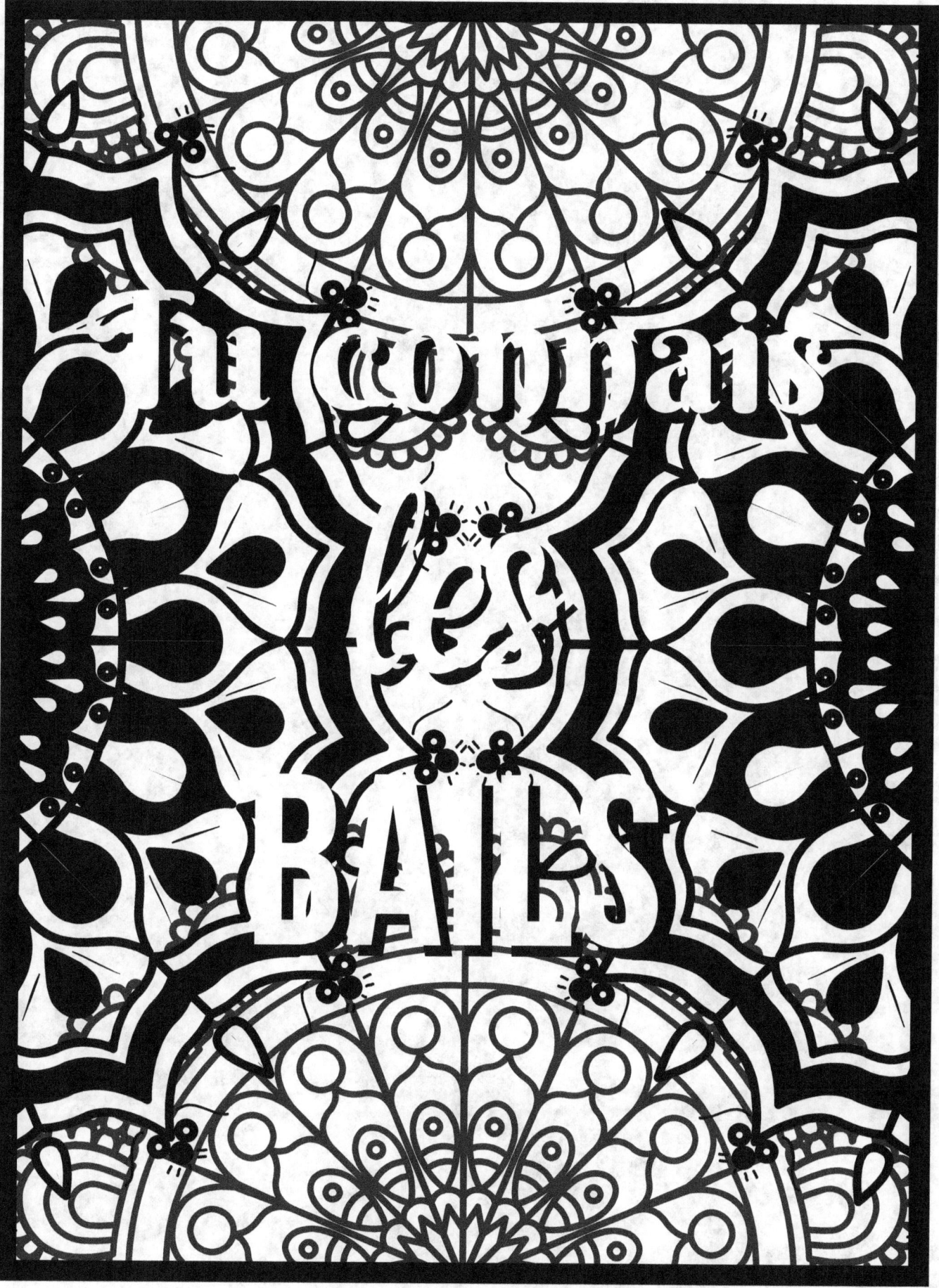

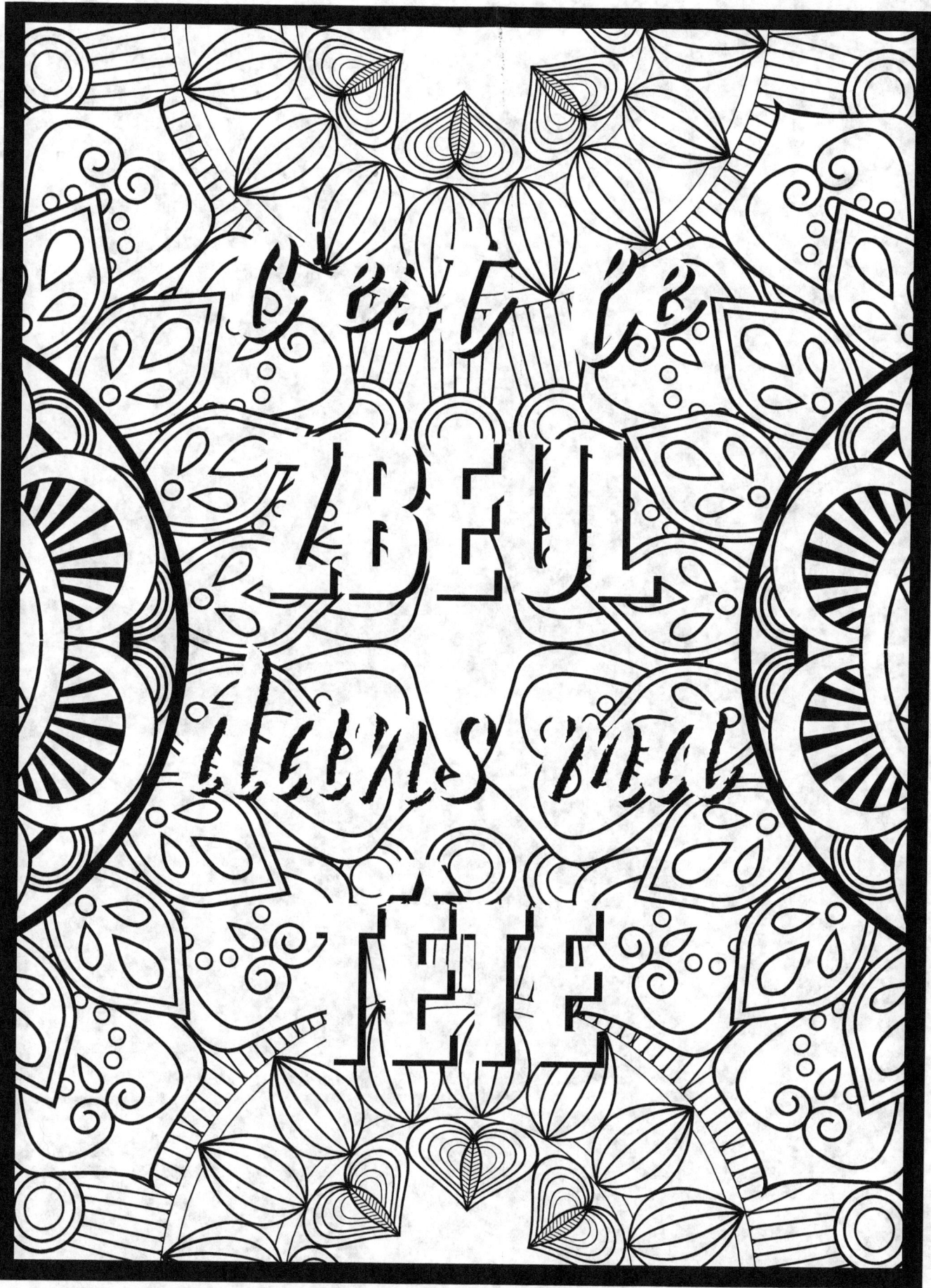

www.ingramcontent.com/pod-product-compliance
Lightning Source LLC
Chambersburg PA
CBHW080529220526
45465CB00006B/2649